加藤九祚著

シベリアに憑かれた人々

岩波新書

894

はじめに

本書は「シベリアに憑かれた人々」の生涯を通じてシベリア研究史のいくつかの断面を示そうとする試みである。「憑かれる」の意味にはふたつある。ひとつは、人間の方から主体的にシベリアに夢中になることであり、もうひとつは、逆にシベリアの方から人間に魅入ることである。しかし最終的にはいずれにしても同じことである。

本書でとりあげる人々は、いずれもみなシベリア研究史上の最高峰を占めるが、中にはロシア人以外の出身者も少なくない。その理由として、十八―十九世紀の探検家・学者に外国人が多かったこと、あるいは帝政ロシアの治下にフィンランドやポーランドなど他のヨーロッパ諸国の人々が入っていたことがあげられよう。またロシアが出身国(民族)のいかんを問わず、広く人材を登用する国がらであったことにもよるであろう。しかし「シベリアに憑かれた」無数の有名無名のロシア人や原住民がいたことも事実である。本書ではそれらの人々をとりあげる余裕はなかったが、一例としてふたりの人物を紹介しよう。

第二次ベーリング探検隊の一支隊として、シベリア北方の海岸や海を調査したワシーリ・プロンチシチェフ中尉は、一七三五年新妻マリヤとともに帆船ヤクーツク号に乗り組んだ。オレニョク川の河口で越冬し、翌年八月ハタンガ河口に入った。しかし氷塊に阻まれて前進できず、北緯七七度二九分の海域まで退いた。しかし真夏に吹雪の荒らぶ異常気象に会い、食糧は乏しく、暖をとるための薪さえもなかった。隊員たちの歯茎は腫れ、歯が抜け落ち、体はむくんで表面に斑点ができた。指で皮膚をおさえると、くぼみができてなかなかもとにもどらない。典型的な壊血病の症状であった。プロンチシチェフもこの病にかかり、一七三六年八月二十九日息をひきとった。妻マリヤは、夫の死後五日目に北氷洋にとびこんで夫のあとを追った。ふたりの墓は今もオレニョク川の河口に残されている。

あるいは、ナロードニキのひとりイワン・フジャコフである。彼は、カラコゾフによるアレクサンドル二世暗殺未遂事件に加担した罪で、一八六七年ヴェルホヤンスクへ流刑に処せられ、牛小屋と壁ひとつ隔てた小屋に住んだ。しかし、このきびしい条件の中でも彼は研究をあきらめず、手製のインキ、ペンを使ってヤクート族のことわざや伝承、あるいはヴェルホヤンスクの地誌・民族誌を書きしるした。その原稿は彼が精神の病のために一八七六年三十四歳で死んでから約百年後の一九六九年、ソ連科学アカデミーによって『ヴェルホヤンスク誌』として刊行された。

フジャコフのつぎの言葉が残っている。「この世でいちばん不幸な人は誰かと問われれば、無期限の無為の生活を強いられ、力や能力の欠如の故ではなく、それを仕事に生かす可能性を奪われて、生きながら朽ちる人のことであると答えよう。」

フジャコフはしかし、「生きながら朽ちる人」ではなかった。本書に紹介した人々もまた、生きながら朽ちることをこばみ、それぞれシベリアに「憑かれた」生涯を送ったのである。

昭和十八年末、シチェグロフ著『シベリア年代記』が吉村柳里氏の訳によって日本公論社から刊行された。千ページを越える大冊である。これによると、ロシア人エルマクがはじめてシベリア遠征の途にのぼったのが一五七八年であり、シベリア征服の完成が一五八二年、それから二年後の八月五日夜、エルマクは敵の夜襲にあい、「イワン雷帝の贈物たる彼が身につけていた甲冑の重みでイルティシュ川の波間に消え去った」。

それから約四百年。シベリアは第二次世界大戦後の約三十年間に飛躍的に変貌した。今後はさらに、はずみがついたように発展するであろう。本書がシベリアを理解するうえでの一助になれば幸いである。

なお本書の中の年月日は原則として露暦によった。露歴を西歴になおすには十七世紀で十日、十八世紀で十一日、十九世紀で十二日を加えればよい。

著者

目　次

はじめに

1　先駆者たち……………………………………一
――ストラレンベルグとメッサーシュミット――
スエーデン人捕虜たち(三)　『異域録』とベルの旅行記(六)　捕虜の文化的活動(一〇)　ストラレンベルグ(一一)　ダニイル・メッサーシュミット(一六)　帰国後のストラレンベルグ(二五)

2　第一次カムチャツカ探検の人々……………………………三一
ピョートル一世の命令(三一)　探検隊長ベーリング(三六)　ベーリングの手紙(三九)　ベーリングの補佐役たち(四四)　探検の経過(四五)

3　第二次カムチャツカ探検の人々……………………………………五三
G・ミュラー(五四)　J・グメリン(五七)　S・クラシェニンニコフ(六〇)　J・リンデナウ(六三)　G・ステラー(六四)　ペテルブルグからオホーツクへ(七三)　日本近海への航海(七五)　「元文の黒船」(八一)　ベーリングのアメリカ航海(八四)　前野良沢の『東察加志』(一〇一)

4　大黒屋光太夫の恩人ラクスマン……………………………………一一五
ラクスマンの生い立ち(一一六)　シベリアでのラクスマン(一二〇)　ペテルブルグ科学アカデミーでのラクスマン(一二三)　パラスとゲオルギ(一二四)　科学アカデミー会員ラクスマン(一二九)　再びシベリアへ(一三三)　大黒屋光太夫との出会い(一三八)　毛皮商人シェリホフ(一四五)　ラクスマンの死(一五三)

5　ポーランド反乱の流刑囚たち……………………………………一五七
ポーランド反乱(一五七)　シベリア流刑制度(一六〇)　ヤン・チェルスキーの生い立ち(一六八)　グリゴリー・ポターニン(一七〇)　地質学者チェルスキーの誕生(一七三)　アレクサンドル・チェカノフスキー(一七六)　ベネディクト・ディ

目次

ボフスキー（一八二）　チェルスキーの悲劇的な死（一九〇）

6　まぼろしの島に魅入られた学者……一九九
――地理学者・探検家エドゥアルト・トール――
トールの生い立ち（二〇〇）　サンニコフ島の出現（二〇三）　サンニコフ島探検へ
の出発（二一〇）　トールの最後の手記（二一八）　サンニコフ島その後（二二二）

参考文献……二二五

あとがき……二三三

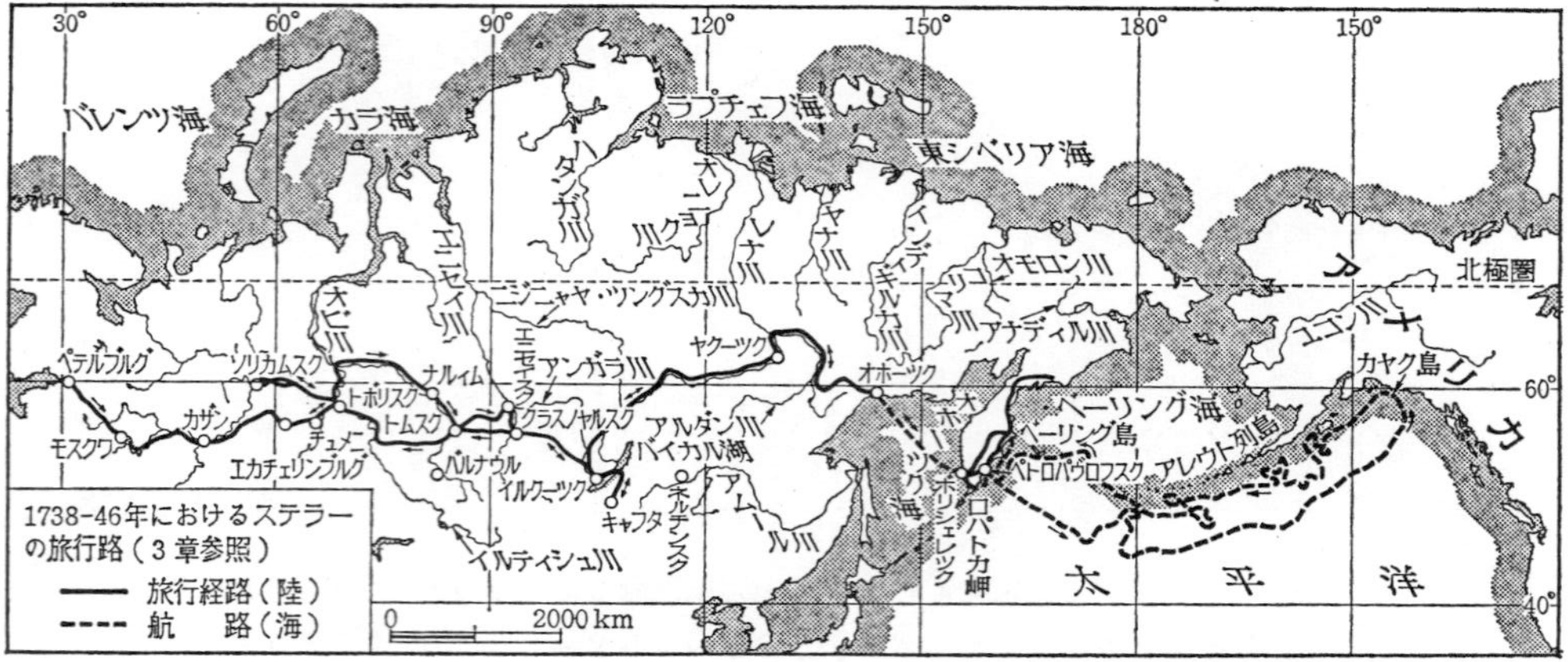
バレンツ海
カラ海
ラプチェフ海
東シベリア海
ベーリング海
北極圏
アメリカ
太平洋
オビ川
エニセイ川
ハタンガ川
オレニョク川
レナ川
ヤナ川
インディギルカ川
コリマ川
オモロン川
アナディル川
ユコン川
ニジニャヤ・ツングスカ川
エニセイスク
アンガラ川
アルダン川
バイカル湖
アムール川
イルティシュ川
オホーツク海
ペテルブルグ
モスクワ
カザン
ソリカムスク
エカチェリンブルグ
チュメニ
トボリスク
ナルィム
トムスク
バルナウル
クラスノヤルスク
イルクーツク
キャフタ
ネルチンスク
ヤクーツク
オホーツク
ボリシェレツク
ロパトカ岬
ペトロパヴロフスク
ベーリング島
アレウト列島
カヤク島
1738-46年におけるステラーの旅行路（3章参照）
旅行経路（陸）
航　路（海）
0
2000 km
30°
60°
90°
120°
150°
180°
150°
60°
40°
シベリア全図

1　先駆者たち

――ストラレンベルグとメッサーシュミット――

ロシアの皇帝ピョートル一世(一六七二―一七二五)は造船と海軍、そして「海への出口」にたいしてはげしい執念を燃やしていた。遅れた大陸国ロシアがヨーロッパの先進列強に伍するためには、なによりもまず海軍が必要と考えたのである。首都を内陸部のモスクワからバルト海岸のペテルブルグに移したのも、それが最も大きな理由であった。ピョートル一世の別荘として有名なペーテルホーフは、バルト海の岸辺近く、ロシア海軍の根拠地クロンシュタット軍港を見渡せる場所に営まれている。皇帝は別荘のバルコニーから軍港の動きを監督することができた。

十七世紀から十八世紀初めにかけて、オランダは造船と航海の分野で世界で最も進んだ国のひとつであった。そしてピョートル一世自身も、青年時代にオランダから先進的な造船技術を学んだのであるが、そのとき皇帝の友人としてあらゆる便宜をはかった人物がヴィトセン(一六四一―一七一七)である。ヴィトセンは父親の代からアムステルダム市長の職にあり、ピョートル一世が一六九七年と九八年にアムステルダムを訪れたとき、宿舎として自宅を提供したのであった。

このヴィトセンという人物は、アムステルダム市長としてよりも、『北東タタリア』と題するシベリア方面の新知識を総括した書物の著者として地理学史上名を残している。ヴィトセンは一六六四―六五年、二十三歳のときオランダの使節団に加わってモスクワを訪れ、中国へ至る経路としてのシベリアに関心を寄せ、それ以後この方面に強い関心を抱きつづけ、手段をつくして資料を集め、一六九二年前記の書物と地図を刊行した。最初のモスクワ旅行以来実に二十七年後の成果であった。この中にはイエズス会士マルティニ(一六一四―六一)の資料は勿論、スパサリー(一六三六―一七〇八)、イズブラント・イデス(一六六〇頃―一七〇四頃)などロシアから中国へ派遣された使節たちの著作もすべて含まれていた。スパサリーの報告書は長い間未刊のままであったが、どのようなルートによってか、原稿の写しとしてヴィトセンの手に渡っている。

ヴィトセンの著作はシベリア方面に関する新知識として当時のヨーロッパに大きな反響をよび、一七〇五年、一七八五年と版を重ねた。しかしなんと言っても、著者自らシベリアを調査旅行した成果のもつ新鮮さにはとぼしかった。

シベリアの科学的調査の端緒は、ピョートル一世によってドイツから招かれた「お雇い外国

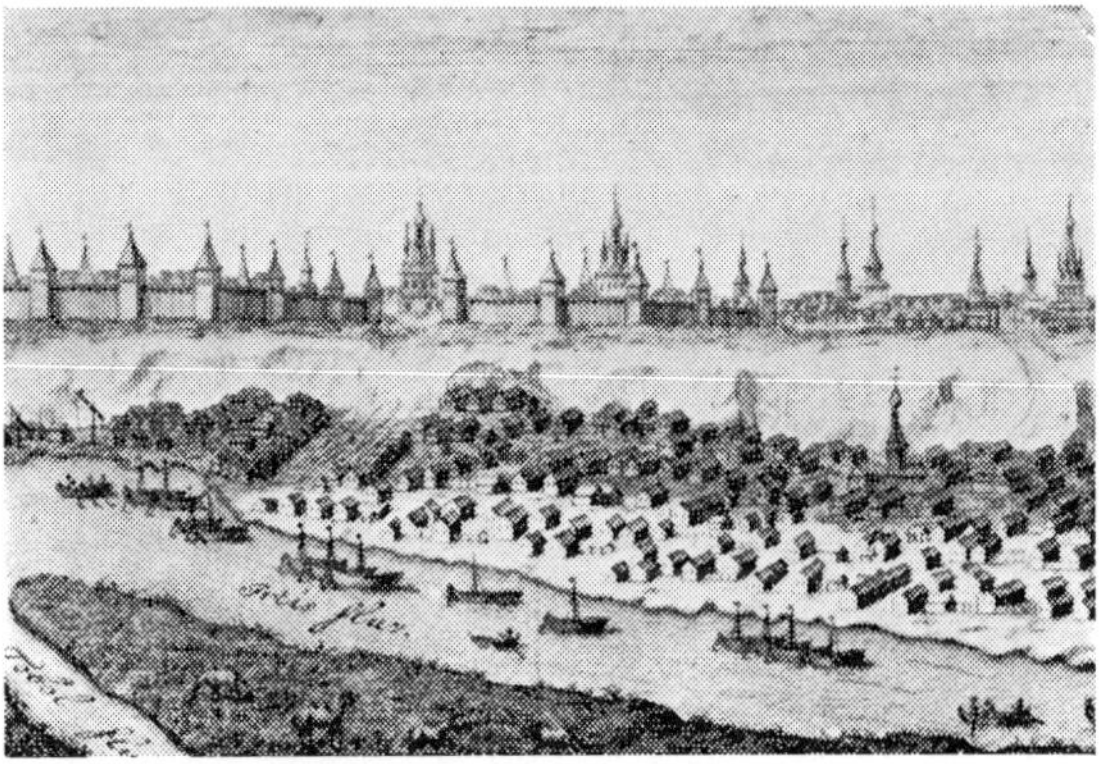

図1　18世紀初頭のトボリスク．イズブラント・イデスの旅行記より

人」メッサーシュミットとスエーデン人捕虜ストラレンベルグによっておかれたのである。

スエーデン人捕虜たち

一七〇九年六月二十七日におけるポルタワの戦いと、六月三十日のペレヴォルチナにおけるスエーデン軍の降伏によって、約一万五千人のスエーデン人将兵がロシア軍の捕虜になった。捕虜たちは、はじめモスクワで一カ月ほど収容された後、梯団を組んでアルハンゲリスク県、カザン県、アストラハン県の各都市に分散させられた。それより前、約三千人の捕虜はヴォロネジ市へ労働のために送られた。

一七一一年四月、スヴィヤジスクで捕虜たちによる逃亡の計画が発覚し、その結果大部分がヨーロッパから遠く離れたシベリアへ送られた。当時シベリア総督府の所在したトボリスクだけでも八百―九百人の将校が住んでいた。

トボリスクの町は一五八七年に創建され、イルティシュ川の右岸、トボル川との合流点付近に位置し、市街は二つの部分に分れていた。すなわち、ひとつはイルティシュ川の高い岸辺を占め、ロシア人の城砦や官庁、旅館、いくつかの教会、修道院などが建てられていた。もうひとつは、川と高い岸辺との間にある低地帯で、主としてタタール族の住地であった。この二つの区域はそれぞれ相反する悩みをもっていた。高い方は水不足、低い方は水害である。建物はすべて木造で、しばしば大火に見舞われた。両区域は三本の道路によって結ばれていたが、これは春の雪解けは勿論のこと、夏も泥濘のためにほとんど通れなかった。

十八世紀初頭の人口は約一万二千、シベリアの商業中心地として中央アジアなど各地から商人が往来し、シベリア各地から税《ヤサク》として徴収された毛皮が集積された。

当時のシベリア総督はマトヴェイ・ガガーリン公爵であった。この人物は、一方で汚職のうわさがつきまとったが、他方でそれを帳消しにするほどの業績をあげていた。ヴォルガ川とドン川を結ぶ水門を完成して手腕を示し、一七〇七年モスクワ市長、ついで初代のシベリア総督に任命された。

ガガーリンの「お大尽」ぶりは長い間ロシア人の語り草になったものである。今でこそ宇宙飛行士ガガーリンの方が有名であるが、年輩の人ならばほとんどこの総督の名を知っている。

ロシア人は一般に善悪を問わず「豪勢」な人を好むようにみえる。一七〇九年の暮、モスクワで対スエーデン戦勝祝賀が行なわれたとき、ガガーリン市長は自分の屋敷の前に市民やスエーデン人捕虜のための酒樽、蜂蜜、ビールなどをふんだんに用意し、三日三晩好きなだけ飲み食いさせたという。トボリスクの官邸からも、宴会のとき窓から金・銀貨を群衆に投げあたえた。

この人物がシベリア総督としてトボリスクに赴任したのはスエーデン人捕虜たちにとっては幸運であった。彼は総督府の建物を石造りにつくり変え、中央の大通りを石で舗装し、運河を掘ってトボル川の流れを変えた。こうした工事は住民の生活環境の改善とスエーデン人捕虜の救済という二つの目的をもっていた。捕虜たちは一日一コペイカの現金と一カ月で一俵半(一俵は四プード入り、一プードは約一六キロ)の麦を支給されるだけで、あとは自分で働いて補わなければならなかった。後にベーリング探検隊の一員としてシベリアを旅行したグメリンの旅行記によると、当時トボリスクでは一年に十ルーブルもあれば生活できるほどパンが安かったというが、それでもこの官給では最低生活もできなかった。そこで彼らはめいめいがいろいろな仕事をして生活費をかせいだ。ガガーリン総督は個人的にもばく大な金額(約一万五千ルーブル)を彼らのために寄付した。総督は外国人の前で自ら「シベリア国王」と称したといわれる。

当時の捕虜は、第二次世界大戦後のシベリアにおける日本人捕虜の場合とはちがって、かなり行動の自由があたえられていた。住居から数マイルは単独で行動でき、魚釣りや狩猟に出かけたり、店を借りて商売をしたり、さまざまな工芸品をつくってモスクワの市場に出したりした。なんの技能もないものはロシア人の役人の家で下男として使われた。

ガガーリンは一七一四年、捕虜の中から船員と船大工の経験者をつのり、これをオホーツクへ送って船を造らせ、オホーツク港とカムチャツカとの連絡にあたらせた。また捕虜の中から数人の技師はI・ブホゴリツ中佐に同行して砂金を求めて中央アジアを調査し、四人はイズマイロフ使節団に加えられて中国へおもむいた。ブホゴリツの探検隊に加わったレナート軍曹は、中央アジアでカルムィク人に捕えられ、彼らに冶金術を教え、大砲や砲弾をつくり、最高司令官として中国と戦い、戦果をあげた。一七三三年、帰国のときジュンガリアの地図を持ち帰ったことはよく知られている。

『異域録』とベルの旅行記

シベリアのスエーデン人捕虜については、十八世紀この地を通過した外国人の記録にも残されている。ことに興味深いのは「満洲人」トゥリシェンの『異域録』である。『異域録』は一七一二年(康熙五一)、当時カスピ海北方に住牧していたトルグート族(カルムィク族)のアユキ・ハンに、康熙帝からの「忠誠賞褒」の勅を伝えるべく派遣された使節行のひとり、トゥリシェン(図理琛)の著述になるもので、日本におけるそのすぐれた研究者今西春秋氏によれば「中国の地誌紀行中、稀に見る雄篇」である。

この『異域録』のマコフスキー柵塞の条には「ケチ河の岸に宿りて、船を仕度し、旅食を待つ間に、イリム城の頭目、ラファリンティエ、及び西洋より捕虜として伴れ来りし将軍ヤナル等会見し来り、我等の着けし用いし物を見て、大いに驚歎して頻りに叩頭し、白酒、黒酒を持参して献じ恭待して去れり」（今西春秋撰『校注異域録』）。この将軍というのは、G・ミュラーの研究によればスエーデン人ガブリエル・カニフェルであった。ヤナルとはゲネラルのこと。カニフェルは中佐でカール十二世の侍従武官長、一七〇八年捕虜になり、二二年故国へ帰還した人物である。

またスロボダという町でも使節の一行はスエーデン人捕虜に出会った。「ここに捕虜として伴れ来りしスエーデン人五十戸居住したり」と書かれている。

トゥリシェンらはトボリスクでガガーリン総督と会見した。「出立する前の日、ガガーリンは彼のオロスの官人を使わして「使者大人等明日出立せんに就きては、もしも厭いて思わずば、今日我が家に来りて飯食らわんか」と招き来りし程に、行きしにぞ乃ち、ガガーリン、我帯べる小太刀を見て、頻りに賞でて好き哉と言いける程に、我即ち解きて与えけるに因り、ガガーリン帽を脱ぎ低頭して受取れり。」人を招いてご馳走することの大好きだったガガーリン総督の人がらがよく表現されている。

ガガーリンは一七一九年公金横領の罪で起訴され、裁判に付されて一七二一年三月十六日ペテルブルグで絞首刑に処せられた。ガガーリンの遺骸は二カ月間絞首台に吊り下げられ、その縄が朽ちると、鉄鎖にとり替えられたといわれる。彼にたいするピョートル一世の怒りがいかにすさまじいものであったかがうかがわれる。これは単なる「公金横領」ではなく、「シベリア独立」の陰謀が露見したためであると説明されている。後任にはA・チェルカッスキーが任命された。

またジョン・ベルの旅行記にもスエーデン人捕虜のことが記載されている。ベルはイギリス人の医者であるが、少時より見知らぬ地域への旅行にあこがれ、知人を通じてピョートル一世の侍医で枢密顧問官であったアレスキンへの紹介状をもらい、一七一四年船でロンドンからペテルブルグにおもむいた。そしてアレスキンの推せんによってA・ウォリンスキーの使節団に加わってペルシアへ旅行した後ロシア外務省に勤務、一七一九年イズマイロフ使節団の一員として北京におもむいた。ベルはこの旅行での見聞を『ペテルブルグから北京への旅』としてつづったが、観察が鋭く包括的であるため、ノヴォシビルスク大学のジンネル教授によれば「シベリアの学問的研究」の端緒をおいたメッサーシュミット、グメリン、ミュラーらの報告の先駆をなしている。この旅行記のトボリスクの章にはつぎのような文章が見える。「われわれの通過した多くの都市と同じように、ここでも多くのすぐれたスエーデン人士官に出会った。この中にはかつてスエーデン王カール十二世の秘書官であったディトマーも含まれていた。彼はリヴォニアの生まれであるが、高貴な家柄と才能とによって尊敬されている。彼は、これら不幸な人々の友人であった前総督〔ガガーリン〕の尊敬を得ていた。彼らは遠くまで漁撈や狩猟、また自分たちの仲間を訪問するための外出を許された。私の考えでは、皇帝によって捕虜にあたえられた最大の恩恵は、彼らがわりあいに少ない費用で生活でき、その立場としては最大の自由を享受できる場所に送られたことである。」

またトムスクでは「われわれは魚釣りや猟を楽しんだ。また市長のコズロフ氏宅で催されたスエーデン将校たちのいくつかの音楽コンサートにも出席した。コズロフ氏は寛容な人で、彼らをたいへん人間的に遇した。彼らの中には才能と知識のある、ウェスタディウスというスエーデンの牧師も含まれていた。」

帰途の一七二一年八月末日、ベルは西シベリアのナルィムでフランドル生まれのボールットという捕虜に出会った。「彼はたいへん誠実で有能な技師であった。市長は彼を、捕虜というよりは友人として遇していた。こうした待遇は、運命によってこの国に送られた不幸な紳士たちの大部分について言えることである。皇帝はこうした状況をよく考慮に入れて、平和条約の締結まで楽に暮せるような場所に送られたのである。」

ベルの記述で見ると、スエーデンの捕虜たちはかなり好遇されたように見える。第二次世界大戦後のソ連での捕虜生活は、つねに鉄条網と歩哨の監視下におかれたみじめなものだったことを考えると、まるで嘘のように思われる。もっとも、日露戦争後松山などに収容されたロシア人の捕虜たちも、道後温泉に出かけたりして、かなりの自由があったようだから、ひどくきびしくなったのは第一次世界大戦以後のことかも知れない。それにしても、ベルの記述は、シベリアにおけるスエーデン人捕虜の生活の明るい面を強調しすぎているようにも見える。

捕虜の文化的活動

彼らは一般に捕虜と言っても、なかには家族持ちも少なくなかった。これはバルト海沿岸地方出身のドイツ人で、スエーデン軍に加わったために捕虜になり、とくに妻や子どもの同伴を許されたものたちであった。彼らの子どもたちのために学校がなかったので、捕虜のひとりクルト・フレデリック・ヴレフはトボリスク到着後まもなく、彼らのためにピエチズム（敬虔主義）の精神に基づく学校を開いた。この学校はしだいにモスクワやヨーロッパ方面にも知られ、維持のための寄付金がよせられた。一時は病院まで併設され、身寄りのない子どもや老人の面倒がみられた。やがて生徒もドイツ人とスエーデン人の子どもたちだけでなく、ロシア人の子どもたちも一部まじるようになった。一七二一年には生徒、職員の総数は一三九人に達した。これはシベリア最初の学校であったとも言われる。

ニシュタット条約の締結後、ヴレフは学校を閉鎖して故国プロシアに帰り、一七二五年『ロシアとシベリアにおけるスエーデン人捕虜の歴史』と題する書物を出版した。本書は日記スタイルの本文と、ピエチズムの思想家でトボリスク学校の精神的指導者であったハレ大学のフランケ教授の書簡、それに同じくトボリスク在住のスエーデン人捕虜のひとりストラレンベルグの手紙からなりたっていた。ストラレンベルグの手紙は、西シベリアに住む原住民オスチャク族の民族学的記述であった。

またこれより前の一七一八―二一年には牧師エベルハルトによって、ほぼ前記のヴレフの著作と内容を同じくする書物が、フランクフルトとライプツィヒで刊行された。一七二〇年にはウェーバー編『変革のロシア』の一論文としてヨハン・ミュラーの「オスチャク族の生活と習俗」が発表された。このミュラーもスエーデン人捕虜のひとりで、オスチャク族というのは今の西シベリアに住むハント族、ケート族、セルクプ族のことである。

このように、十八世紀初頭のシベリアに関する知識を広め、シベリアの文化を高めるうえでスエーデン人捕虜のはたした役割は少なくない。そしてこの中で最も代表的な業績を残した人物は、一七三〇年『ヨーロッパとアジアの北東部』(実際の表題はもっと長い)と題する書物と『ロシア帝国と大タタリア全図』を出版したストラレンベルグである。彼はシベリアの捕虜生活十三年の間に多くの資料を集め、帰国後七年の努力を重ねてこの著作と地図を刊行したのである。

ストラレンベルグ

フィリップ・ヨハン・タベルト(一七〇七年戦功によりフォン・ストラレンベルグとして貴族に列せられた)は一六七六年ポメラニアの古都ストラルズンドに生まれた。この都市はハンザ同盟に加わり、バルト海の商業中心地として繁栄していた。一六四八年、三十年戦役後の平和条約後、ストラルズンドはポメラニアの一部とともにスエーデン領となった。

『スエーデン貴族家系録』によれば、父親はフリスチアン・タベルトと言い、一六六三年に役人となり、出納係として一六九三年に死んだ。母親マリア・エレオノラは裕福な貴族の出身であった。彼女の父親の家系は十五—十六世紀を通じて市会や教会会議で有力な地位を占めていた。

フリスチアンとマリア・エレオノラ夫妻には娘八人、息子三人がいた。長男のマルチンは一六九〇年ストラルズンド軍務局の書記となり、九三年父親の死後はポメラニアの役人となった。二男のフィリップ・ヨハンと三男のペール・ジグフリード(一六八〇年生まれ)は普通教育を終えた後、母方の叔父の影響によって軍人の道に入った。そしてふたりとも要塞構築の部隊に加わり、実務を通じて製図や自然地形に関する知識を身につけた。現代で言えば、さしあたり工兵というべきであろう。スエーデンでは北方戦役の開始とともに、この種の技術将校を大いに必要としていた。兄弟は重要な戦闘にはほとんど参加し、戦勝の喜びも敗戦の悲惨もともに味わった。

一七〇一年フィリップ・タベルトはジュデルマンラント連隊の宿営係となり、一七〇三年トルン要塞占領作戦の功により大尉となった。弟のジグフリードも同じく大尉に昇進した。一七〇六年二月三日、兄弟は、フラウシュタットにおけるサクソニア・ポーランド連合軍の撃破作戦に参加し、カール十二世によってその功を認められ、翌年一月三十一日付で貴族としてフォン・ストラレンベルグの姓をあたえられた。

兄弟は一七〇九年六月二十七日におけるポルタワの戦いに参加、惨敗を喫して捕虜となった。前掲の家系録の記述によれば、フィリップ・ストラレンベルグはポルタワの戦闘の直後、敗退するスエーデン軍にまじってドニエプル川をいったん渡ったが、弟がまだ川を渡っていないと思ってさがしにもどったところをロシア軍に捕えられたという。ところが、弟の方はカール十二世とともにうまく逃げ帰り、一七一六年にはノルウェー遠征に加わり、少佐としてマルメの市長となった。彼は六十二歳でハルランドの自分の所領で死んだ。

ストラレンベルグを含むスエーデンの捕虜がトボリスクに着いたのは一七一一年八月二十六日であった。それから捕虜たちが住民の生活の中にいちおうとけこむまでの数年間の苦労は大きかった。ストラレンベルグはヴレフの学校に積極的に協力する一方、トボリスクを訪れる各地の人々から熱心に地理や民族生活の情報を収集し、それを記録し、また地図に描いた。この当時のストラレンベルグはガガーリン総督とも個人的な知己であったが、しかし生活のための資金をどこから得ていたか不明である。スエーデンから送金してもらったのか、あるいはロシア国内に特別のパトロンがいたのかはっきりしていない。

ストラレンベルグは四年間の努力の結晶として、一七一五年には二ページにわたるロシアとシベリアの地図をひと通り描きあげた。現代であれば、捕虜が地図を作成することなど想像もつかないが、当時は、疑いの目を向ける者もなくはなかったが、ともかくそれが可能であった。しかしこの最初の地図は何者かに盗まれてしまった。一七一五年五月十二日夜のトボリスク大火のとき、ストラレンベルグは燃えひろがる焰からのがれようとして、地図とノート類をトランクにつめて窓の外にほうり出した。ところがそのトランクはそのまま失われてしまったのである。彼は後に書いている。「私は、自分のトランクと地図の所在について情報を持っていたが、捕虜という立場を考えて、後難を恐れてあえてとりもどそうとしなかった。そしてこれ以後地図の製作を一切止めようと決心した。」

その後モスクワにいたスエーデン軍の元帥リョンシルド伯その他の人々からのすすめによって再び製図をはじめ、一七一七年に完成した。これはモスクワのある人を通じて国外に送って出版し、印税として著者が二百ドゥカーテンを支払われる約束になっていた。しかし、このことを聞き知ったガガーリン総督は、ストラレンベルグからこの地図を没収してしまった。ガガーリンはこのとき、言うことをきかなければ北氷洋岸に流刑に処すると言って脅したという。

ストラレンベルグはそれでもくじけず、ガガーリンが逮捕された後三度目に地図を作成し、モスクワの知人に送った。これははじめ国外へ送られる予定であったが、結局ピョートル・メレルという大商人の手にわたってしまった。この地図のデータは後にニュルンベルグで刊行されたホーマンの地図にも利用された。つまりストラレンベルグは自分の地図の初版権を失ったわけである。

この当時ストラレンベルグは、カムチャツカの「征服者」アトラソフ(一七一一年歿)にともなわれた日本人伝兵衛にトボリスクで会ったことが伝えられている(ストラレンベルグの著書のフランス語訳本による)。伝兵衛は一七〇一年モスクワに入り、「ロシアにおける最初の日本人」として知られている大阪出身の商人である。伝兵衛はロシア語を学び、一七〇七年さきにふれたガガーリン公爵の屋敷にひきとられ、一〇年洗礼を受けてガヴリールと名のった。また一七〇五年以後ペテルブルグの日本語学校の教師をつとめた。しかしストラレンベルグの会ったのは、年代的に見て、伝兵衛ではなくてサニマであろうと思われる。

サニマは一七〇九年、カムチャツカの新任代官ピョートル・チリコフによって救助された日本の漂流民のひとりである。クラシェニンニコフの『カムチャツカ誌』にはつぎのように書かれている。「チリコフのカムチャツカ滞在中、ボーブル海岸で日本船が難破した。日本人が、難破した地点に住む殺伐なカムチャダル族によって捕われていたため、チリコフは五十人の部隊をつれてその場所におもむき、四人を救出することができた。というのは、カムチャダル族は官兵を見て、それとたたかうことを恐れ、日本人を残したまま森の中に逃げこんだからである。」この四人の中のひとりがロシア資料でサニマの名で登場する日本人であり、後にペテルブルグに送られ、伝兵衛の助手となった。彼はロシア正教会の洗礼を受け、ロシア婦人を妻とした。言語学者村山七郎教授によれば、サニマの日本名は三右衛門であり、紀州藩の出身で、アイヌの通詞であったといわれる。

さて、ストラレンベルグは地図をモスクワに送った後もシベリア研究をつづけていた。そこへ、彼の知識を深め、確実にするうえでまたとないチャンスが訪れた。ドイツから招かれた著名な学者メッサーシュミットがトボリスクを通過し、シベリア奥地の調査旅行の助手としてストラレンベルグを採用したいとの希望が表明されたのである。ふたりの協力は、それぞれにとって有益であった。ストラレンベルグにとっては、自分の弱い博物学の分野を身につけることであり、メッサーシュミットにとっては、ストラレンベルグが長年かかって蓄積したシベリアに関する知識の獲得を意味していた。

ダニイル・メッサーシュミット

メッサーシュミットは一六八五年九月十六日、ダンツィヒ(ポーランド北部、バルト海岸の都市。現在のグダニスク)市に生まれた。父親はポーランド王ヨハン・カジミルに仕え、はじめ仲買人、ついでダンツィヒの船舶検査官となった。女ひとり、男三人の兄弟の中で、ダニイルは末弟であった。両親が息子たちの教育にたいへん熱心であったおかげで、彼は四歳のときから専門の家庭教師をつけられ、ギリシア語とキリスト教問答書を教えられた。一六九一年小学校に入り、その翌年母親と死別した。学校では他の学科とともにラテン語が必修になっていたが、これについても個人教授を受けた。一七〇六年、メッサーシュミットはイエナ大学医学部に入学、クラウゼ、植物学者スレフォフト、ヴェテル兄弟など有名な学者たちの講義をきいた。一七〇八年六月、彼はハレ大学医学部に移り、F・ホフマン教授の指導のもとに医学のほか動物学、植物学を修めた。一七一三年大学を卒業、「医学の統一原理としての理性について」と題する論文によってドクトルの称号を得た。やがて故郷に帰り、医師として勤務するかたわら、動・植物学は勿論、ギリシア、ラテン、ヘブライ語の研究に従事した。

この頃メッサーシュミットは、ダンツィヒの自然史博物館の創始者として知られるヨハン・フィリップ・ブライン（一六八〇―一七六四）と親しく交際し、多くの影響を受けた。彼は書いている。「私は博学な彼との会話を利用して、深い学識に基づいて集めたその自然科学的コレクションに近づくことができただけでなく、自国を調査するための経験深い調査旅行に参加できることになった。」

一七一六年、ダンツィヒは北方戦役の戦場となった。市はスエーデンによって支持されたポーランド王位の継承要求者の拠点となったため、ロシア軍によって包囲され、やがて占領された。ロシア軍の総司令官ピョートル一世は、ダンツィヒ滞在中ブラインの博物館を訪問し、感銘を受けたらしく、ロシア国内におけるコレクションの収集と資源の調査のために、適当な学者の推せん方を依頼した。ブラインはこのための最適任者として、彼の友人メッサーシュミットの名をあげた。そこで皇帝はこの学者を招聘するための手続を侍医のロベルト・アレスキンに依頼した。

アレスキンは一七一七年九月、二度目のダンツィヒ訪問において、メッサーシュミットとの間に一七一八年初頭から年俸五百ルーブルの条件で正式の契約書をとり交し、「博物館長としての権限および法的優先権を与え、これに応じてさらに加俸する」と口頭で約束した。

一七一七年十二月末、メッサーシュミットは百ルーブルの前金を受取り、翌年二月十九日リガへ出発、四月九日リガからペテルブルグ(現在のレニングラード、一七〇三年建設、一七一二―一九一八年ロシアの首都)へ向かった。ところが首都に到着したとき、契約の相手であるアレスキンの重病を知った。それはメッサーシュミットとしては全く予期しないことで、アレスキンの後任であるブルメントロスト兄弟は彼を約束の博物館長の職につけなかった。それどころか、アレスキンの死ぬ二週間前、「さまざまな珍稀な物や薬品、つまり草、花、根、種子などを採取するための」シベリア派遣が皇帝の名によって命ぜられたのである。この任務はその後ほとんど百科事典的と言えるほどの諸分野に拡大された。そして彼の直接の上長は医事局長官ヨハン・ブルメントロストであった。

一七一九年三月一日、メッサーシュミットは六台の馬車に日用品や資料を積んでペテルブル

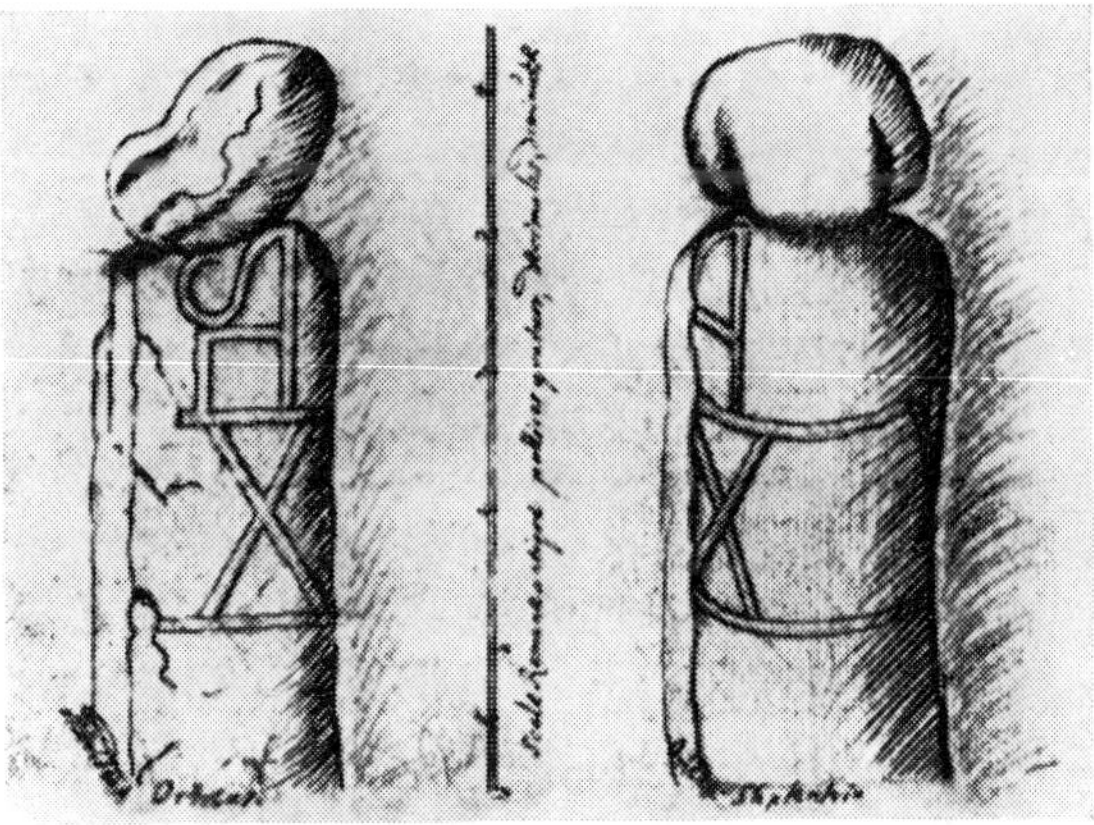

図2 アルグン・ステップの石人．メッサーシュミットのスケッチ

グを出発、三月二十一日モスクワに着いた。隊員は召使二人、兵隊二人であった。

モスクワで彼はイズマイロフ使節団が北京へ出発することを知り、これに加わって中国へ行きたいとの願書を提出したが、ブルメントロストによって拒否された。しかし一七一九年九月五日モスクワを出発した使節団とトボリスクまで行をともにし、この間、使節団の書記ロレンツ・ランゲととくに親しく交際した。ランゲは一七一五年、一七一九年、一七二五―二七年、一七二七―二八年、一七三一―三二年、一七三六―三七年の六回にわたって北京に旅行したが、このときは二度目にあたっていた。

一七一九年十二月二十四日トボリスクに到着したメッサーシュミットは、直ちにスエーデン人捕虜たちと連絡をとり、ストラレンベルグのほかカペルという下士官、それに捕虜ではないが画の上手なシュルマンという十五歳の少年を選び、これを隊員に加えてほしい旨をシベリア総督チェルカッスキーに願い出た。この願いは、彼らのための費用一切をメッサーシュミットが自費でまかなうという条件で許可された。隊員は全部で九人にふくれあがった。

一行は一七二一年三月一日トボリスクを出発、イルティシュ川、バラバ大草原を経由してトムスクへ向かった。

トムスクから南シベリアのアバカン・ミヌシンスク盆地に入り、北上してクラスノヤルスク、エニセイスク、トゥルハンスク、イルクーツク、ネルチンスクをまわってアムール川上流部をまわり、トボリスクを経て一七二七年春ペテルブルグに帰還したが、その間七年、専門的な学者が科学的調査を目的としてこれほど広大な地域を踏査したのは、これが最初であった。

この間、一七二二年五月二十八日、エニセイ川上流のケムチュグ河岸でストラレンベルグと別れた。スエーデン捕虜の本国送還が許可されたからである。その日の日記にはつぎのように書かれている。「夕方五時ごろ、フィリップ・ヨハン・タベルト・フォン・ストラレンベルグ大尉とカール・グスタフ・シュルマンとはテレフチュル川の河口から筏に乗って川を下った。私は彼らに、文書による細かい指示と友人たちへの手紙を託した。私はこの誠実で敬虔な助手と多くの涙なしには(nicht anders als mit vielen Tränen)別れることができなかった。」

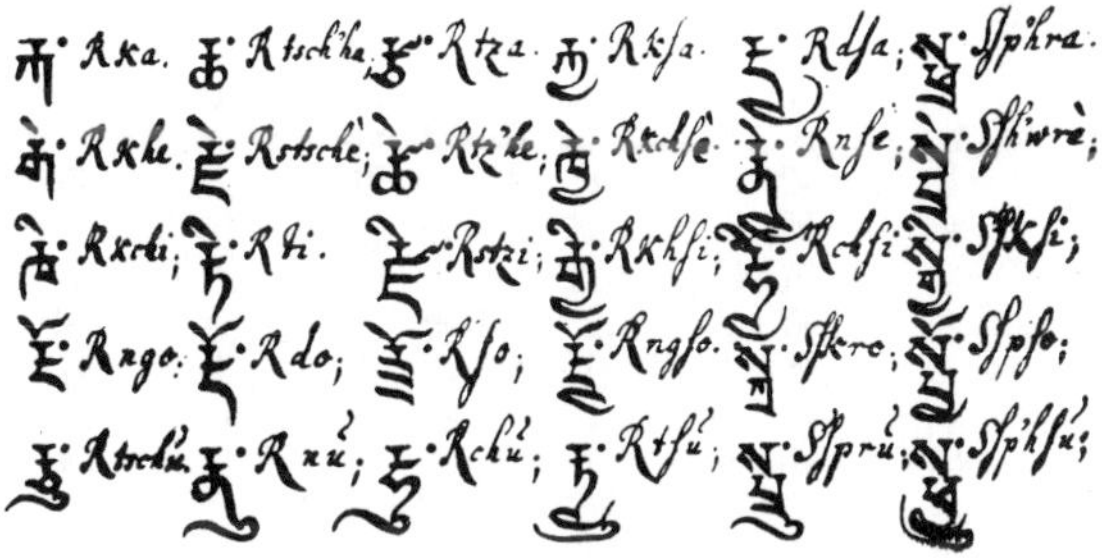

図3　メッサーシュミットが日記に写した文字．後に言語学の重要な研究資料となった

ペテルブルグに帰ったメッサーシュミットは、シベリア各地から医事局あてに送ったばく大な量の資料の整理にあたった。そして一七二八年三月十七日ビルギッタ・ヘレネという若い女性と結婚した。

ところが首都での生活は、ブルメントロストとの関係がうまくいかず、資料の処置や俸給の問題をめぐっていざこざが絶えなかった。一七二八年一月八日には医事局からの命令によって、シベリアで集めたものは公的なものも私的なものも一切医事局に提出すべきである、との厳命が発せられた。そして一部珍稀な物の収集にたいする褒賞として金二百ルーブルが支払われ、同じものが二点あるものについて、一点だけメッサーシュミットにあたえられた。この結果ロシア最初の博物館であるクンストカメラの収集品は画期的に増えたが、残念ながら一七四七年における科学アカデミーの火災によってその大部分は焼失した。

メッサーシュミットはここでドイツへの帰還を願い出た。

ところがブルメントロストは、メッサーシュミットがシベリアで集めたものをどこかにかくしており、それを国外に持ち出そうとしているのではないかと疑って、なかなかパスポートを発給しなかった。

一七二九年九月十六日、やっと準備がととのってペテルブルグを船で出発した。しかし彼にとって不幸なことには、途中のバルト海上で大しけに会い、十月二十七日メッサーシュミットの乗船が沈没し、書物、メモ、コレクションその他、やっとのことで手に入れた資料を一切失ってしまった。その後一部は海から拾いあげられたが、ほとんど使い物にはならなかった。

故郷のダンツィヒでは期待に反してほとんど無視され、ろくな仕事につくこともできなかった。それに彼は、長いシベリア探検での無理がたたって、視力をほとんど失っていた。そこで失望のはてに、一七三一年九月二十日再びペテルブルグにまいもどったのである。

彼がロシアにもどった理由は不明である。心の底では、自分の収集した資料をもとに科学アカデミーで研究できるかも知れないと期待していたらしい。しかしG・ミュラーの証言によると、メッサーシュミットはひどく誇り高い人物で、誰の忠告にも耳を傾けなかったという。そして「医事局からも科学アカデミーからも全く無視され、一七三五年三月二十五日さびしく死んだ。誰もその死を知らないほどだった」とG・ミュラーはその『科学アカデミー史資料』の中で書いている。メッサーシュミットのひとり娘は、一七六五年ごろペテルブルグで生活していたことが伝えられている。

メッサーシュミットの晩年はこうして必ずしも幸福とは言えないものであったが、最初の本格的なシベリア学者としての彼の業績ははかり知れないものがある。彼がクンストカメラに納入したコレクションの方は前記のように大部分焼失したが、探検日記など原稿の方は完全に保存され、十八世紀後半以後多くのシベリア学者たちが旅行の前に予備知識として必ずこれを読み、オリエンテーションの資料とした。そしてその鋭い観察、深くて広い造詣にその都度感嘆を新たにしてきた。とくに五巻、三千ページを越える日誌は、彼の専門とする動植物や地質だけでなく、考古学、言語学の分野でも専門家たちのつきない研究資料となっている。この日誌は第二次世界大戦後、ソ連と東ドイツの両科学アカデミーによって全十巻の予定で本格的に逐次刊行されはじめた(一九六二年第一巻刊行)。これには彼自身の観察によるさまざまなスケッチも挿入されている。

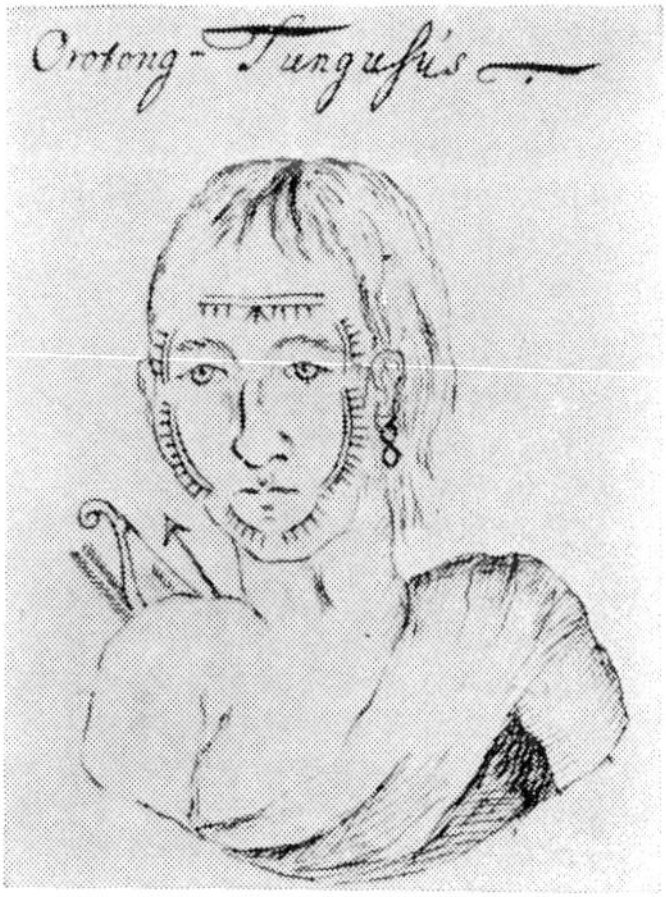

図4　ツングース族の文身. メッサーシュミットのスケッチ

一八八八年著名なシベリア学者、チュルク言語学者ラドロフ(一八三七―一九一八)は書いている。「シベリア古代遺物の収集に深い関心を寄せた最初の学者はD・メッサーシュミットであった。彼は多くの古代遺物のコレクションをペテルブルグに将来し、三十六点にのぼる石人像を描き、また各地で発見した古代文字を写しとった。メッサーシュミット以後、シベリアを旅行したすべての学者たち、例えばG・ミュラー、グメリン、パラス、ゲオルギらがシベリアの古代住民の文化的遺物に注意し、途中の古代遺物を集め、許される限り古代の墓を掘りおこした。」

また現在トゥーバ方面の突厥時代文化を専門にしているモスクワ大学のクィズラソフ教授は書いている。「メッサーシュミットは、後に七―八世紀のハカス族の中世文字であることが明らかになったエニセイ碑文を発見した最初の学者である。彼こそは、類似によってこれを誤ってルーン文字と名づけた学者であった。ただし彼は、ここに他の種類の古代パルティア文字が混じっているらしいことを知っていたけれども……。また古代の墳墓の構造について自らの理解を得、考古学的データをシベリア史に利用するために、メッサーシュミットは自ら数個のクルガンを発掘した。これこそは学問的目的をもってなされた最初の発掘であり、シベリア考古学発展の端緒となったものである。しかもこの最初の発掘は、埋葬施設の図面をともなう学問的なもので、今世紀初頭の考古学者たちにとってさえ、必ずしも一般的とは言えないほど高い水準であった……。」

メッサーシュミットこそはシベリアの百科事典的研究の元祖と言うことができる。彼の伝統はそのままベーリング探検隊の学者たちに受けつがれるのである。

帰国後のストラレンベルグ

一七二三年、ストラレンベルグは十三年のシベリア生活の後故国スエーデンに帰った。八月二十八日フリードリヒ一世によって中佐の階級をあたえられたが、国家の財政的急迫にかんがみて待遇の方は十八年前からの大尉のまますえおかれた。

彼はとりあえず生活の手段を確保した後、持前のエネルギーを投入して、念願の地図と著作の出版にとりかかった。まず彼は地図の原図を売ったモスクワの商人ピョートル・メレルと連絡をとり、スエーデンにおける出版の諒解をとりつけた後、出版費を負担してくれるスポンサーを熱心にさがしもとめた。しかし奇特なお金持の少ないのは今も昔も変わりないと見えて、そうした人は見当らなかった。そこで彼は、当時よく行なわれていた予約申込制をとることにし、一七二三年十一月二日、第一回目の広告を出した。締切は翌年の三月一日とされたが、予約者が意外に少ないため、三月二十日に再度広告が出された。ここでは、地図と書物の出版は本年中であること、予約者はこのほかアブルガジー・ハン(一六〇三—六三)の『トルクメン族系譜』を付録として無料提供されることがつけ加えられた。しかし一七二五年になっても、地図も書物も現われなかった。

一七二五年、ストラレンベルグは地図と書物の刊行状況について小冊子を発表した。その中で彼は、「刊行準備は着々とすすみ、地図の方は装飾の部分まで完成している。この状況を確かめたい人はマテルン大尉宅を訪れてほしい」と書き、しかし予約者が少ないため出版費をカバーすることができず、刊行に踏み切れないでいる。「そこで今までの予約者に損害をあたえないため、著者は新しい手段を鋭意さがし求めている。」さらにストラレンベルグはつづけて、スエーデンでの歴史関係その他学術書の刊行点数が少ないことは外国の学者によって指摘されているところであるから、この際資金を醸出する人は国家の栄光に貢献することになる。今や著作の刊行時期は資力ある有志の協力いかんにかかっている。協力者の名前は巻頭または序文に掲げて深甚の感謝の意を表するつもりであると結んだ。

ストラレンベルグの大著『ヨーロッパとアジアの北東部』と『ロシア帝国と大タタリア全図』は一七三〇年にストックホルムで刊行された。地図は東経五〇度から一八五度、北緯三二度から七五度までを含み、五度ごとに経緯の線が入れられていた。地図の表記はすべてラテン語、寸法は六五×一〇〇センチであった。ストラレンベルグは、この地図の作成にあたってフランスの天文学者、地理学者G・デリル(一六七五―一七二六)の地図を参考にしたことをあげ、それに従ってトボリスクを東経九〇度の線においたとのべている。しかしこの地図が刊行されたときにはすでにベーリングの第一次カムチャツカ探検は終り、トボリスクの位置を東経八六度においた、より正確な地図が出現していた。ストラレンベルグはシベリアにおいて、セミョン・レミョゾフ(一六六二頃—一七一六頃)らロシアの地図製作者の成果、あるいはコサックたちからの生きた情報に基づいて、極めて独自的な地図を描いたにもかかわらず、さまざまな事情のために、これを最初に発表することはできなかった。前述のように、彼の地図のデータは商

図5 ストラレンベルグの地図の一部
(北東アジア)

人メレル、あるいはピョートル一世の重臣ブリュス元帥を通じてドイツの地図製作者ホーマンの手にわたり、一七二二年にすでにニュルンベルグで出版されていた。ただし、ストラレンベルグがトボリスクで製作したという三枚の原図は一枚も現在につたわっていない。いずれにしても、アジアの北東部分に関する限り、ストラレンベルグの地図とホーマンの地図はよく似ている。また彼は、一七二五年、二六年、二七年にオランダで出版された著者不明の地図は「一見してガガーリン総督によって没収された地図のコピーである」と主張している。

ストラレンベルグの地図は無論多くの欠点をもっている。しかし一七四五年までこの地図はすぐれたものの一つに数えられ、ベーリングも第一次探検のときそのコピーを持参していた。また一七三〇年代シベリアを調査旅行したG・ミュラーもこの地図を身辺から離さなかった。ストラレンベルグの伝記を書いたM・ノヴリャンスカヤは書いている。「ストラレンベルグは、ロシアの地図に基づいて、地図上にはじめて、チュクート半島とカムチャツカを描き入れ、それによって、それまで西欧の地図で行なわれていたアジア北東端の輪郭を根本的に変えた最初のヨーロッパ地図製作者である。」

ストラレンベルグの著書『ヨーロッパとアジアの北東部』はドイツ語で書かれ、次のような内容になっている。すなわち、「ロシア国家における一部の名称と表記について」「ロシア国家の境界、位置、気候について」「行政区分について」「新旧の居城について」「ロマノフ王朝の起源と統治について」「ピョートル一世の統治について」「ツァーリと大公、ロシアの紋章について」「宗教と宗教的統治について」「歳入について」「軍事について」「ロシア国家の名門について」「商業的・定期市的都市、鉱山、鉱物、植物、自然の産物、珍稀な品物、古代遺物、マヌファクチュア、工場などについて」である。

例えば「キャラバン」という項目ではつぎのように書かれている。「ロシアからは毎年大キャラバンが中国へおもむいている。商人が持っていく品物はテン、キツネ、リスなどの毛皮、シーツ、綿布、さまざまな小間物などである。キャラバンが中国・モンゴルの国境に到着すると、中国の役人がこれを出迎え、中国の費用で北京まで案内し、そこで人間もラクダも三カ月滞在し、その間ロシア人はその商品を販売または交換する。この期間がすぎると、キャラバンは再び中国の費用で護衛される。彼らは冬期にモスクワを出発、三年目に引き返すが、絹織物、木綿の商品、金、宝石、陶器その他を運んでくる。こうした取引によってロシアは大きな利益を得ている。キャラバン貿易の商人たちは、その商品を中国人だけでなく、往復の途中においてタタール人と取引する特権を持っている。ここで毛皮その他と中国タバコとを交換するが、タタール人はこのタバコを十分利益を得て売るのである。私はきいたことだが、誰かが中国との貿易のために三年の期限で資本を貸してくれれば、期間内に二倍の利益を得ることができるという……。」

本書には多くの誤りや不正確な記述が指摘されているけれども、シベリアの歴史、地理、民族について貴重な新資料がもられており、シベリア研究史上一つの道標をなしていることは疑いない。シベリア史の「創始者」G・ミュラーは、「本書によってはじめて得られた情報が少なくない」とのべ、十九世紀末の著名なチュルク語学者V・ラドロフは、ストラレンベルグの著作の中から歴史に関する部分を全訳して『古代のシベリア』(一八八八年刊)に収録している。また、本書の内容にはメッサーシュミットの観察がかなり利用されていると考える学者もあるが、今のところ正確な比較検討はなされていない。

ストラレンベルグは一七四〇年カールスハム要塞の司令官に任命され、生涯その職にとどまった。一七四七年、彼は亡くなった弟ペール・ジグフリードの未亡人の住むハルランドを訪れ、そこで七十一歳の生涯を終った。

2　第一次カムチャツカ探検の人々

ピョートル一世の命令

一七二一年三月、ピョートル一世によって清国に派遣された使節イズマイロフは、帰国を前に康熙帝に謁見を許され、つぎのようなことをロシア皇帝に伝えてほしいと言われた。

「ロシアは地大物博で、それを支配しておられる皇帝陛下にはすぐれた家臣も少なくないことでしょう。しかるに聞くところによりますと、陛下には、なにごとによらず、率先して行動されます。しかしこれは危険です。どうかご無理をなさらず、陛下は安全な場所におられて、危険なことは家臣に任せて下さい。」

康熙帝の心配にはたしかに理由があった。ピョートル一世の鉄のような肉体も、バルト海に遭難したロシアの水兵を自ら救助すべく、冬の冷たい海にとびこんだのが原因の風邪、ついで肺炎には勝てなかった。そして一七二五年一月二十八日死去した。病床の皇帝は、はるか以前ドイツの学者ライプニッツ（一六四六―一七一六）とかわした約束を思い出し、死の三週間前にべーリングを長とする大探検隊の派遣命令書に署名した。

ピョートル一世とライプニッツとの間には親交があった。一七一三年十月二十六日から約一週間ピルモント(ブラウンシュワイク)の水上で生活を共にし、さまざまの問題について語り合った。またライプニッツから皇帝に送った書簡も少なくない。これらを通じて、約二十年間ライプニッツが皇帝にくりかえし献言した一つの提案があったことが知られる。すなわち、アジア大陸とアメリカ大陸とは、その北方でつながっているのか、それとも両者は海峡によって分けられているのか、という問題である。これはライプニッツの一六九七年の草稿にすでに見えており、一七一一年ブリュスに書き送った書簡の中では、「世界のためにこの疑問を解決できる人は皇帝をおいてほかにおりません。これはかつてエジプトの王たちがナイルの源流調査のためになした一切のことよりもいっそう栄光にみち、さらには重要でさえあります」と書かれている。

一方、ロシア人の中にも同じことを皇帝に進言した人が幾人かいた。例えば一七二二年F・ソイモノフは皇帝に向かって言った。「クリストファ・コロンブスもアメリゴ・ウェスプッチもアメリカを探求するのに多くの困難と危険をおかしました。しかしオランダ人その他の人々もカプ・ボノ・エスペランツ(喜望峰)をまわって東インドへおもむく商業的航海において、彼らにおとらぬ困難と長い期間を今に必要としております。陛下もすでにご存じのように、シベリアの東部、とりわけカムチャツカは、日本やフィリッピンの島々やアメリカのカリフォルニア島の西岸にも遠くなく、したがってロシアの航海者たちは、地球を約半周しているヨーロッパ人に比べてはるかに効果的にかの豊かな地域へ達することができると期待されます。」ピョートル一世はソイモノフのこの進言を、二年後A・ナルトフという重臣との会話で想起している。

このような背景のもとに、ベーリングを隊長とするカムチャツカ探検隊派遣のつぎのような命令が、皇帝自らの手で書かれた。

一　カムチャツカまたはその地域における他の場所で一隻または二隻の甲板を有する船をつくること。

二　この船に乗って、北方《ノルト》へのびている陸地沿いに航海せよ。この陸地は（その末端が知られていないため）アメリカの一部と考えられる。

三　その陸地がアメリカに接続する地点、あるいはヨーロッパ領の植民都市まで航海せよ。もしヨーロッパ船に出会えば、彼らからその海岸の名称をきき、それを書きとめ、自ら上陸してさらにくわしい情報を入手し、地図に描きこんで帰還せよ。

カムチャツカ探検やベーリングの生涯に関する記述に必ず登場するこの命令書は、実は、わかるようでわからない部分が少なくない。まず第一に「北方へのびている陸地」とはなにか。これはアジア大陸の東端、つまり今のチュコート半島のことであろうか。とすれば、つぎにつづく文章、「この陸地は(その末端が知られていないため)アメリカの一部と考えられる」はどのように理解されるべきであろうか。

この命令の内容は、ロシア政府の依頼によってドイツの地図製作者ホーマンによってつくられ、一七二二年ニュルンベルグで刊行された地図を参考にすると明快に理解できる。ピョートル一世はこの地図によって命令を書いたと考えられている。地図の右側にカムチャツカ半島と並行するように無名の陸地が示されている。この陸地は、同じホーマンによる北アメリカの地図に「ガマの陸地」(ガマは発見者名とされている)またはTerra borealis(北方の陸地)と表記され、アメリカ大陸とつながっているように描かれたり、あるいは「アニアン海峡」(今のベーリング海峡に相当する)によってへだてられているように示されている。製作者ホーマンにとってもはっきりしなかったらしい。

ピョートル一世が「北方へのびている陸地」というのは、この陸地のことをさしている。こう考えると、命令書の第三条も理解される。アメリカに「ヨーロッパ領の植民都市」があったことは当時よく知られていたからである。

ベーリングがこの命令を受領したのは、ピョートル一世の死後、重臣アプラクシンの手を通じてであった。それは彼がペテルブルグを出発するわずか数時間前のことで、内容は極秘扱いにされ、またどのような説明も加えられなかった。彼は命令書の内容を確かめようもなくカムチャツカにおもむいたが、現地では「ガマの陸地」のことなど誰も知らなかった。彼はここでひどく困難な事態に直面した。そこで「ベーリング」はやむを得ずピョートル一世の命令を自分流に解釈した。つまりカムチャツカから東方へ向かうことなく、いきなり北方へ、チュコート

図6　ホーマンの地図の一部．カムチャツカの東方に「ガマの陸地」が見える

半島の岸沿いに向かったのである」とソ連の学者B・ポレヴォイは書いている。

探検隊長ベーリング

ところで隊長ベーリングはどのような人物であったか。彼がこの大探検の隊長に選ばれたのはどのような理由によるのだろうか。

ヴィトゥス・ベーリング（一六八一―一七四一）はデンマークのユトランド海岸の町ホルセンスに生まれた。母方は名門に属し、二世紀にわたって顕官や軍人を輩出させたことが伝えられている。教会管理人であった父親のユナス・スヴェンセンには子どもが多く、生活は楽でなかった。そのため男の子たちは早くから海員として働くようになった。ヴィトゥスというのは母方の叔父の名である。この人物は地理学者として広く知られており、ベーリングが家郷を出るとき、この叔父にあやかろうとして名のったと言われている。

一七〇三年、ベーリングはピョートル一世によってロシア海軍に採用され、バルチック艦隊に少尉として勤務することになった。これは、ベーリングがロシアに仕官する直前東インド方面に船員として航海したことが高く買われたものとされている。彼は教育こそあまりなかったが、知識欲に富み、任務の遂行に忠実であった。ロシアに移ってからはロシア語を比較的早くマスターしたらしく、その手紙や公式報告書は彼がロシア語を自由自在に読み書きできたことを示している。

ロシア海軍における最初の二十年間についてはほとんど知られていない。一七一五年、ドルゴルキー公がコペンハーゲンからピョートル一世にあてた手紙には、ベーリング大尉がそこで購入したペルロ号をクロンシュタット軍港まで運び、ついでアルハンゲリスク港で建造されたセロフィイル号をノルウェーに回航させたことが伝えられている。

一七〇〇年からはじまった北方戦役はロシアの勝利に帰し、一七二一年ニシュタット平和条約によってロシアは海への出口を確保した。これにともない多くの士官の昇進が発令されたが、ベーリングは不思議なことにその選にもれ、大尉のままであった。ベーリングの伝記を書いたN・チュコフスキーによれば、ベーリングはこのことを不満に思い、退役願を提出した。「こうすることによって上官に影響をあたえ、昇進を期待したものと思われる。しかしどういうわけか、上官の彼にたいする心証はあまりよくなかった。その理由はわからない。とにかく彼の思惑ははずれ、退役願は受理されてしまったのである。」

当時ベーリングには家族があり、妻アンナ・マトヴェエヴナとの間に数人の息子がいた(ベーリングの死後、この女性はペテルブルグ警察長官と再婚した)。生活のあてもないまま、一七二四年には故国デンマークへ帰るための国境通過の許可がおりた。ベーリングは家族とともに、もはや好きなところへ行くことができた。そして、同じくベーリングの伝記を書いたイギリス人R・マーフィーによると、いったんスエーデンに土地を買ってそこへ移住したが、その後探検隊長に適任であるとして呼びもどされたことになっている。しかしロシア・ソ連の文献では、この事実の裏づけは全く見当らない。これは、後にかかげるベーリング自身の手紙によっても知られるように、誤りであろうと思われる。チュコフスキーは「係累も地位も金もない者が二十年間も離れていたデンマークへ帰ったところで、今さらどうなるというのか。彼は奔走しはじめた。帰国するかわりに、海軍省にたいし、軍務に復帰できるよう熱心に請願しはじめた」と書いている。

一七二四年八月七日復職願は受理され、一週間後一等大尉を命ぜられた。

ベーリングがピョートル一世によって探検隊長に選ばれた理由については諸説がある。青年時代におけるインド航海がものを言ったという説、クリュイス、サンデルス、シベルス、セニャヴィンらロシア海軍の有力な提督たちが個人的にベーリングを知っていて彼を皇帝に推せんしたという説、シベリアに「左遷」されたという説などまちまちである。真相はわからない。しかし恐らくは、ピョートル一世自身がベーリングの資質をよく知って、この人物ならば難事業を完遂できると見抜いたからであろうと思われる。二回にわたる大探検、ことに第二次の経過は、ピョートル一世のこの判断が誤らなかったことをよく示している。ベーリングの人並みすぐれた忍耐がなかったならば、第一次カムチャツカ探検は九割がた実現しなかったと考えられる。

ベーリングの手紙

ここにベーリングの人がらと性格をよく表わしている二通の貴重な手紙がある。一九四一年十二月十六日、ベーリングの生国デンマークで、この大探検家の死後二百年祭の行事が催され、その故郷であるホルセンス市の新聞『ホルセンス・ソシアル・デモクラート』紙上に新発見の資料として掲載されたものである。これは第一次カムチャツカ探検から帰還後の一七三〇年三月一日ごろ、ロシアから自分の故郷の叔母マルゲレトにあてた手紙とホルセンスの市長にあてた手紙である。この二通の手紙は、ベーリングの私信が全く残されていないだけにとくに重要である。なお、このときの記念集会では有名な物理学者ニールス・ボーアも講演している。

敬愛するおばさん。

私がホルセンスに住む親戚から最後の手紙を受取って以来すでに十五年になります。そしてあなたが私のことをお忘れになっても、私はあなたのことを忘れておりません。ただ今、私は五年にわたる旅行から帰って、照会によってあなたが未亡人になられたことを知りました。私はあなたが老年になってひとりになられたさびしさを心からお察しいたします。そしてあなたのそばにいて支えになりたいと思うのですが、一七二五年の私の旅行のために、帰郷して、おばさんにも今は亡くなった私の両親にも、会えませんでした。そして今はまた、私の仕えている皇帝陛下からの今後のご命令によっては、再び出発しなければばならないかも知れないので、その可能性はさらに少なくなりました。

　私の長い旅行は一七二五年にはじまり、一七三〇年三月一日やっと家に帰ることができました。私は東部タタリアを陸地のつづく限りカムチャツカのそばを通って数千マイル通過し、地図でごらんになられるように、それからさらに数百マイル進んで、北方山地のつづきのアジアの一部まで達しました。そして私は今や、青年時代からの「旅行」の夢が実現したと思っております。と申しますのは、この旅行は中国と日本をはずれてはいますが、陸と海を通じてインド旅行よりもはるかに大規模であるからです。

　カムチャツカで私は船の建造を命じ、それに乗って海路の探検を行ないました。ときにはヨーロッパ人が誰ひとり見たことのないような原住民に出会ったり、またムギも生えず、野鳥やトナカイ、あるいは馬の代わりに乗れるほどよく馴らされた他の種類の鹿のほかにはどんな家畜もいない地域に行ったりしました。ここでは冬になると、馬の代わりに犬に橇をひかせます。またこの地では、犬にとっても人間にとっても魚類が主要な食糧です。こうして私は、この半球の大部分を経めぐったと考えます。この地では、病者は自然に死ぬことを許されず、犬に投げあたえられます。私がこうしたことを書くのは、ひとえに、親愛なおばさん、あなたや私の親戚がみな、私がこんなに長期にわたる困難な旅行において神の加護によって生命を全うしたことを喜んで下さり、またあなたがたが私のことを思い出して下さるようにするためです。私は旅行から帰った後一度重病にかかりましたが、神のおかげで元気になりました。私の妻も神のおかげで健康です。八人の子どものうち生きているのは三人で、まもなく四人めが生まれます。親愛なおばさん、私たちの親戚のうちで存命の人は誰か、また市長と市参事会員は誰であるか教えて下さいませんか。と申しますのは、亡くなった私の両親が私に残した遺産の一部について処分しようと思うからです。この遺産は今ではなんの役にも立っていませんので、私はこれを他人に貸し、私自身が自由にできる日まで、その貸し賃を貧民に寄付するようとりはからいたいのです。それから、兄弟であるユナス、ヨルゲン、それに一度故郷に帰ってから再び東インド

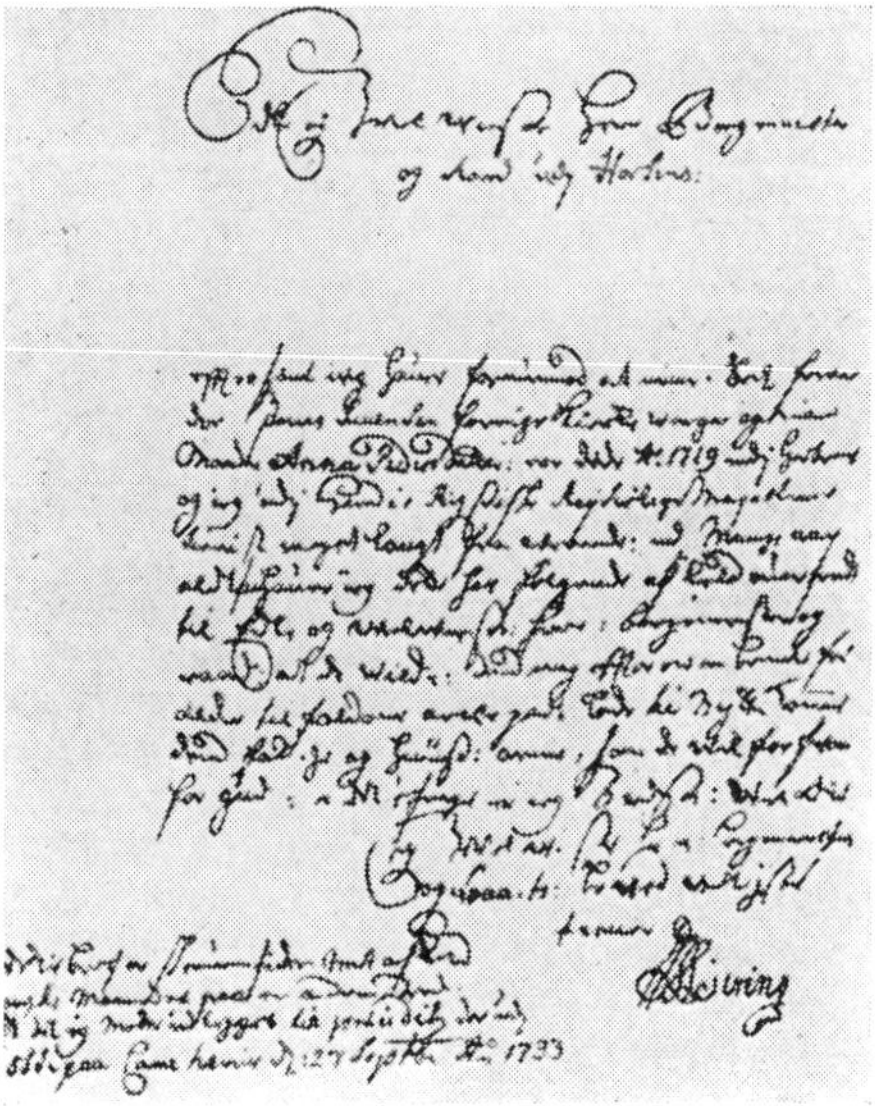

図7　ベーリングの筆跡

へ出かけたスヴェンはまだ生きているでしょうか。また私の両親の親戚、妹の子どもたちのうち誰か存命でしょうか。私はおばさんに、尊敬のしるしとしてテンの毛皮を数枚贈りたいと思っています。ほかにはホフゴルドス夫人、義兄弟のコルステンさん、その他よき友人たち全部になにとぞよろしくお伝え下さい。親愛なるおばさん、どうか私について良いことだけを思い出して下さい。私としましては、今後ともあなたのお役にたち、死ぬまであなたの従順な甥でありつづけたいと思っております。

V・I・ベーリング

追伸　親愛なおばさん。私が家を出てからすでに二十六年の歳月がたちましたが、まだあなたからお便りをいただいたことがありません。これはよくないしるしです。私は忘られています。目玉からぬぐい去られ、心中から捨て去られてもやむを得ません。今は、利益にならなければ、親戚も親戚と認めない世の中ですもの。しかし私は全くちがいます。私は自分の親戚の幸せを知ることを心からの喜びといたします。親愛なおばさん、あなたがもしも私に手紙を書いて下さるお気持になりましたら、クロンシュタットにいる私の娘むこ、海軍中将サンデルス気付、海軍一等大尉の私あてに送って下さい。

親愛なおばさん、あなたの家族のどの紋章があなたの印章に入っているか教えて下さい。

この手紙を書いてから三年後、ベーリングはホルセンス市長と市参事会員にあてて手紙を書き(一七三三年九月二十七日付)、それに一七三三年三月二十八日に作成した贈与証書を付した。手紙の文面はつぎの通りである。

尊敬するホルセンス市長さま、市参事会員さま。

もと教会管理人であった私の父親ユナス・スヴェンセン、母親アンナ・ペデルスダッテンが一七一九年にホルセンスで死亡し、私自身は長い間ロシア帝国で仕官していたため、長年にわたって国を留守にいたしました。そこで私は、高貴にして賢明なる市長さまと市参事会員さまに、両親によって私に残された上記の遺産の一部を、神の前で保護されるべき貧しい人々に役立てるようとりはからって下さることをお願いいたします。その余のことについては、私は尊敬すべき市長さまと市参事会員さまに心から忠実であります。

V・I・S・ベーリング

この手紙によって知られることは、例えばグレコフによって代表されるような見解、ベーリングがピョートル一世の命令によってやむなく、いやいやながら任務を遂行したという考え方が必ずしも正しくないことを示している。グレコフはその著書『一七二五―六五年におけるロシアの地理的探検史概説』の中で書いている。「第一次カムチャツカ探検、つづく第二次カムチャツカ探検におけるベーリングの活動は、彼が職務に熱心で、賢明で勇気ある士官であり、部下に親切で、その親切の度合いが、ときにはやさしすぎ、簡単に信じすぎるほどであったことを示している。同時にまたベーリングは、リスクや責任をのがれ、困難なときに十分な決断力を示さなかった。彼はまた、探検家としての広い学問的素養と性格をもたず、新しい陸地や島々の発見に特別の興味を示さず、あたえられた命令の順守という必要な範囲でしか自分の任務を遂行しなかったのである。」

しかし、前掲の手紙によれば、カムチャツカ探検がベーリングの若い日からの夢の実現であったこと、ヨーロッパ人がこれまで誰ひとり見たことも行ったこともない地域の探検を誇りにしていたことが知られる。しかも、そこには上ずった誇張も気張りもなく、実に淡々たる心境にあることがよくうかがわれ、なんとも言えない「やさしさ」がにじみ出ている。

私はベーリングのこの手紙をよんで、ふとロシアの中央アジア探検家プルジェワリスキー(一八三九—一八八八)のことを思い出した。彼は有名なスヴェン・ヘディンの大先輩であるが、ヘディンの文章が「血わき肉おどる」ような傾向があるのにたいし、前者は淡々としている。しかも探検家としての業績は、ヘディンに比べて少しも劣らないのである。ベーリングやプルジェワリスキーのような地味な人こそ、かえって真の意味の探検家であるように思われる。

ベーリングの補佐役たち

ここで、第一次、第二次を通じてベーリングの補佐役であったマルティン・シュパンベルグ、アレクセイ・チリコフのことにもふれておこう。シュパンベルグ(一七六一年歿)中尉はベーリングと同じデンマーク出身で、教養のない粗野な人物であったが、造船・操船術については抜群であった。探検の過程においてベーリングともチリコフともしばしば衝突した。彼は出世欲が強く、探検という任務を出世のために利用しようと考え、またそのように行動した。ひどく残酷な性格だったらしいが、反面この残酷さがなければ、あれだけの資材を太平洋岸まで運搬できなかったかも知れない。第一次探検後大尉に昇進した。

もうひとりの補佐役アレクセイ・チリコフ(一七〇三—四八)中尉は有能な青年士官であった。探検隊に加わる直前、ペテルブルグの海軍アカデミーを優秀な成績で卒業したばかりだったが、成績が抜群であるため、少尉を通りこしていきなり中尉補に任官したのである。G・ミュラーの評言によると「海上勤務も彼の情け深い性格を変えることはなかった」。彼は第一次探検の出発時に中尉、帰還後の一七三〇年には大尉補、その二年後には一等大尉、四六年、長い探検生活の無理がたたってエニセイスクで結核にかかり、四八年大尉分遣隊長《カピタン・コンマンドル》に昇進して死んだ。

探検の経過

ベーリングがピョートル一世の命令書を受領したのは一七二五年二月三日以前であったが、同じ頃、探検隊のために準備したことを列挙した文書をアプラクシンからあたえられた。そしてベーリングによる命令受領以前の一月二十四日、すでにチリコフと少尉候補生チャプリンに指揮された二十五人が多くの資材を積んでペテルブルグを出発していた。ベーリングとシュパンベルグを含む五人は、残りの資材とともに直ちに出発し、二月十四日ヴォログダでチリコフに合流した。

探検隊はオホーツク港まで九千キロを踏破しなければならなかった。しかもペテルブルグ出発のときすでに、大砲、弾丸、帆、索具、錨、鎖、造船用の釘など現地で調達できない資材が馬車三十三台分もあり、途中で糧秣資材の買付けがさらに追加された。シベリアのマコフスキー柵塞からエニセイスクまでの運搬に、チャプリンが注文した馬が一六〇頭、ヤクーツクからオホーツクまで運搬された食糧だけで六千プードに達した。当時、馬車の使える街道は西シベリアのトボリスクまでだけで、そこから太平洋岸までは、小道さえもろくになかった。川すじを利用できるところは利用し、川と川との間の分水嶺(連水陸路)には馬匹による荷駄が利用されたが、一頭の積荷は八十キロ以内であった。雪が深くて馬が役にたたない場所では、八十―百キロ積んだ橇を人間が引いた。

ベーリング自身がヤクーツクに着いたのは一七二六年六月一日であった。

オホーツク到着は、ペテルブルグ出発からおよそ一年半の後の一七二六年十月一日。当時オホーツクには、十戸ばかりしかなかったので、隊員を分宿させるための小屋や、装備や糧秣を貯蔵するための倉庫を新築しなければならなかった。人々はこのために十キロも離れた場所からペーチカ用の石や粘土を運んだ。また薪を用意し、魚や鳥をとって食糧のたしとした。これはカムチャツカに移ってからも同じであった。主力資材を運搬するシュパンベルグ隊がオホー

図8　19世紀頃のエニセイ川の渡し場風景

ツクに到着したのは一七二七年一月末であったが、ベーリングの報告書によると、「その途中隊員は飢えのために馬の死肉、袋やカバン、靴などの半製皮まで食べた」。徴発されたツングース族の一部は自分たちの犬をつれて逃亡した。一七二六年十月十八日付ベーリングの報告によると、ヤクーツクからオホーツクへ送られた六六三頭の荷駄のうち、オホーツクに着いたのは三九六頭にすぎなかった。

当時オホーツク港には二隻の未完成の平底船《シーチク》があった。これはあと数週間の工事で完成させられる程のものであった。平底船というのは、「管《トルーバ》」または「底《ドニーシチェ》」とよばれるくり抜かれた太い丸太の両側に側板を張りつけたものであったが、シーチクとはロシア語のシーチ、つまり縫うという意味に由来している。オホーツク港にあった平底船は長さ一〇メートル、幅四メートルほどで、とても遠洋航海に耐えられるものではなかった。ベーリングはまず完成した船をフォルトゥナ(好運をあらわすローマの女神名、英語のフォーチュン)号と名づけ、六月三十日、部下のシュパンベルグをして、この船で資材食糧をカムチャツカ西岸のボリシェレツクまで運ばせた。ベーリングはカムチャツカ南端のロパトカ岬を回航せず、陸路半島を九百キロ横断して、東海岸のニジネ・カムチャツクへ出ることに決した。これはたいへんな難事業であったが、ベーリングはこの小船によるロパトカ岬回航はほとんど不可能であると判断し、あえて安全を選んだのであった。

フォルトゥナ号はもう一隻の小船とともにオホーツク港に引き返し、七月三日二三〇〇プードの糧秣資材を運んでオホーツクに着いたチリコフ隊も合流し、全隊員が九月三日ボリシェレツクに到着した。ボリシェレツクはボリシャヤ川の河口にあり、当時十四戸ほどの集落であった。

移動方法は、氷結前にボリシャヤ川をぎりぎりまでさかのぼり、最上流で荷物を橇に積み替え、こんどは犬橇を利用して分水嶺を越え、つづいて東流するカムチャツカ川を利用してその河口に出るものであった。ベーリングはその報告書の中で「途中毎晩、一夜を過ごすための雪洞を掘り、その中にもぐって上をおおった。というのは、この地ではプルガとよばれる吹雪が荒れるからである。人が平原のさ中で吹雪にあい、雪洞を掘ることができなければ、雪に埋もれて死んでしまうのである」と書いている。現地のカムチャダル族にとっては、この探検隊はたいへんな災厄であった。彼らは荷物の輸送にただ同然で動員されている間に、冬期の狩猟の好機をのがし、彼らの貴重な財産である犬をほとんど全滅させられたからである。

探検隊がニジネ・カムチャツクに着いたのは一七二八年三月十一日で、ペテルブルグ出発から実に三年以上が経過していた。四月四日探検船聖ガヴリール号(長さ一八・三、幅一六・一、吃水下二・三メートル)の建造にとりかかり、六月九日進水、直ちに装備が積みこまれた。糧秣は乗組員四十人の一年分が用意された。

七月十四日、聖ガヴリール号は針路を北へとって出帆した。隊員はベーリング、チリコフ、シュパンベルグ、チャプリンらの将校以下四十四人であった。七月二十九日アナディル河口を通過したが、この地点が当時多少とも正確に知られている限りでのアジア大陸東端であった。アジアとアメリカを分ける海峡の存在にしても、すでにコサックのセミョン・デジニョフの回航によって事実上知られてはいたが、しかし探検隊にとっては風説の範囲を出なかった。

ベーリングが士官会議の結果船首を南へ転じたのは、八月十五日(当時の航海日誌では正午から正午までを一日とした、例えば八月十五日は十四日正午から十五日正午まで)、北緯六七度一八分であったが、その間の日数三十四日、航海距離二三七七露里(一露里は約一キロ)であった。回航前での会議で、シュパンベルグが八月十六日を期限として帰還すべきであると主張したのにたいし、チリコフが大陸を迂回して北極海のコリマ河口に達するか、それとも氷に突きあたるまで進航すべきであると主張したことは日誌で示されている。ベーリングは、アジアとアメリカの間に海峡の存在することはこれで十分明らかになったと考え、シュパンベルグの意見を採用したが、その客観的な証明としては不十分であったことは否めず、結局ペテルブルグ当局の不満をひき起こす原因となったことはよく知られている。

探検隊は九月一日カムチャツカ河口に帰着、ニジネ・カムチャツクで越冬した。当時この集落には五十戸の人家があった。それから約五十年後日本の漂流民大黒屋光太夫ら一行が一年半あまり滞在したところである。

翌年七月二十三日オホーツク着、八月二十九日ヤクーツク着、一七三〇年三月一日ペテルブルグに帰還した。出発以来五年の歳月が流れていた。この五年の間にペテルブルグでは多くの大事件が起こっていた。皇帝は代わり、寵臣は交替し、政策も何度か急転回した。ピョートル一世による改革の推進派と、ロシアをピョートル以前の状態にもどそうとする復古派の激しい争いがつづいていた。そしてベーリングの探検は典型的なピョートル的事業のひとつであった。一七二七年ピョートル一世の妃であったエカチェリーナ一世が死亡し、ついで帝位をついだピョートル二世(ピョートル一世によって殺されたアレクセイ王子の子)が一七三〇年一月十四歳で死んだ。女帝アンナ・ヨアンノヴナが帝位についたが、ベーリングがペテルブルグへ帰還する五日前に、国家の政策はそれまでの方向を一変して、すべてピョートル一世の遺訓にしたがうことが決定された。

ベーリングはその年の四月海軍省に探検報告を提出した。それは装備、経路、カムチャツカの自然と住民の万般にわたっている。カムチャダル族についてはつぎのように書いている。

「カムチャダル族の迷信は厭うべきものである。人妻でも家畜でも双生児を生むと、その一児を直ちに圧殺する。そうしないことは大きな罪と考えられている。また彼らは迷信によってつぎのような習俗をもっている。誰かが重病にかかれば、それが父母であっても、また死ぬほどでなくても、森に運び出し、冬であろうと夏であろうと、一週間も食物を一切あたえない。その結果多くは死ぬが、死者は土中に埋めないで森に運び出し、犬の食うのにまかせる。またある者は、死者の出た住居を捨ててしまう。」同様なことは後にステラー、クラシェニンニコフによっても報告されている。ソ連の学者ベルグは、同じくベーリングの報告としてつぎのような奇習をあげている。「老若を問わず、もはや生きたいと欲しなければ、冬の厳寒に身をさらして飢え死ぬ。自ら咽喉をしめる人も少なくない。川で溺死する人を多くの人々が見ても、誰もこれを助けようとはしない。溺死から免がれしめることは大きな罪悪とされている。この慣わしのために、多くの人が無駄に死ぬのである。そのため、病人を家から運び出さぬように、また自殺しないように厳重に命令する必要がある。」

この第一次カムチャツカ探検隊の成果は、ベーリングの報告とピョートル一世の命令が比較検討された結果、その遂行の度合いが不十分であるとして元老院から非難された。たしかにベーリングの航海は、アジアが北緯六七度一八分以南のところではアメリカと陸つづきになっていないことを証明した。しかし両大陸は、もしかしたらその北方でつながっているかも知れない。それだけでなく、ベーリングはアメリカ大陸の岸を全く見ていない(濃霧のため)。したがってアジア・アメリカ間の距離の問題にはなにも答えていない。

近年刊行された『ソ連領アジア探検史』では、ベーリングにたいするこの非難はあたらないことが指摘されている。この書物の著者L・カマニンは、当時の小さな帆船では、氷に妨げられてコリマ河口までの回航は不可能であり、ベーリングにあたえられた任務は十分達成されたとのべ、つぎのように書いている。「一言にして言えば、ベーリングは自分のおかれた条件のなかでできる限りのことをつくした。難点と言えば、ロモノソフ(一七一一—六五)の指摘したように、帰途ベーリング海峡でアラスカに接近できたにもかかわらず、それを試みることなくカムチャツカへ急いだことである。しかしとにかく彼は、アジアとアメリカの間の海峡を発見したことを確信していた。」この探検の結果は、報告書のほか地図にまとめられ、その後約百年間権威を保ちつづけたのである。

3　第二次カムチャツカ探検の人々

ベーリングは二回目の探検が不可避であることを知って、直ちにその準備にとりかかった。第二次探検の計画書はベーリング自ら起草したが、これは第一次のときよりも著しく拡大され、シベリアの北氷洋岸の調査、カムチャツカから日本までの距離の確認などが加えられた。この探検は第二次ベーリング探検、あるいは第二次カムチャツカ探検、あるいは大北方探検と呼ばれ、十年の歳月(一七三三—四三年)をかけ、六百人の直接参加者を動員した大事業で、十九世紀以前の世界で比類のない規模のものであった。

第二次カムチャツカ探検には、シベリアの自然、歴史、民族の学問的調査という新しい任務が加えられ、そのための学者グループが編成された。これはかつてメッサーシュミットがほとんど独力で行なった調査を継続するものであったが、シベリア研究史上画期的な成果をあげた。学者グループは、海上航海を主とするベーリングの本隊とは別の行動をとり、はじめベーリングの指揮下に入ったが、後に全く独立したものとなった。これは「第一次科学アカデミー探検」(一七六八—七四年のパラスらを中心とする第二次科学アカデミー探検と区別して)とも呼ばれている。この学者グループに加わった人々のプロフィルを紹介すると、つぎの通りになる。

G・ミュラー

まず隊長格とも言うべきゲラルド・フリードリヒ・ミュラー(一七〇五—八三)である。G・ミュラーはウェストファリアの中学教員の家庭に生まれ、ライプツィヒ大学で歴史学を専攻、一七二五年二十歳のときロシア科学アカデミーの研究員としてロシアに移った。ポストはアカデミー付属学院の教師ということであった。これ以後彼はロシア史の研究にあたり、一七二八—三〇年までは科学アカデミーで刊行された『サンクトペテルブルグ報知』の編集長をつとめ、三二年からは彼の代表的著作『ロシア史集成』を出版しはじめた。一七三〇年以後ミュラーは科学アカデミー教授に任ぜられた。

一七三三年、彼はベーリングの指揮する北方大探検隊に自ら志願し、十年間シベリアを調査した。その後二十二年間科学アカデミーで働いたが、五四年から十一年間は学術書記として働き、五五年以後ロシア最初の月刊誌『勤め人の利益と気晴らしのための月刊誌』の編集長となった。

一七六五年モスクワに移り、はじめ当時設立されたばかりの「教育の家《ウオスピタチエリヌイ・ドーム》」とよばれる学校の長となり、六六年から八三年までの十七年間外務省モスクワ文書局の長を務めた。ここで彼は、ペテルブルグの科学アカデミーにおけるわずらわしい人間関係から離れ、多くのすぐれた論文を書くことができた。

シベリア探検の十年間のうち大部分は、自然科学者のグメリンと行動をともにし、その間一七三七年までは、後にカムチャツカへ派遣されたクラシェニンニコフと一緒であった。

G・ミュラー、グメリンらの一行は、一七三三年ペテルブルグを出発、翌年トボリスク着、エニセイスク、クラスノヤルスクを経てイルクーツクに至り、三六年一月イルクーツクからイリムスクを経由して、その冬はヤクーツクで過ごした。三七年レナ川を利用してキレンスクに至り、グメリンをここに残してミュラーは再びイルクーツクに引き返した。一七三八年三月、二人はイルクーツクで合流し、八月エニセイスクに着いた。三九年にはクラスノヤルスク、四〇年秋トボリスク、四一年秋チュメニを経て、四三年ペテルブルグに帰還した。この間踏破した距離は、彼の計算によると三万一三六二露里、人煙稀なシベリアの多くの集落を訪れ、シベリアの歴史資料として各地の代官所の古文書を筆写した。セミョン・デジニョフがベーリング以前に今のベーリング海峡をコリマ河口から南下した事実(これについてはゴルダーのように異論をとなえる学者もある)に関する文書も、ミュラーによってヤクーツク文書館で発見されたものである。

ミュラーのシベリア研究は、基本的には『シベリア史』(四巻)にまとめられているが、これは彼の研究の一部にすぎず、しかも今のところそのうちの二巻しかロシア語で刊行されていない。あとはドイツ語の原稿とソ連時代になって刊行すべく訳されたロシア語原稿のまま残されている。これは、およそ「シベリア史」とよばれるものの創始とされている。

ミュラーの筆写した資料は、エニセイスクやクラスノヤルスクなどの文書館が焼失した現在では、はかり知れない価値を持っている。ミュラーはまた、歴史家としてだけでなく、民族学の研究でも指導的な役割を果した。彼は民族学を学問の一つとして認め、歴史記述の重要な一分野と考えた。そしてロシア移住の直後に、まずカルムィク族(タタール族の一系統)の研究に従事し、その後一貫してロシア各地の諸民族に注意を向け、歴史的・比較論的な立場で多くの未刊、既刊の論文を書いた。ヤクーツク滞在中には、そこで集められる限りでの資料に基づいて論文「カムチャツカ誌」を書き、三七年カムチャツカへ旅立った弟子のクラシェニンニコフにその原稿を贈った。またカムチャツカ探検から帰ったクラシェニンニコフがその名著『カムチャツカ誌』を書き終えて重病にかかったとき、それに自らの序文を付して出版の労をとった。歴史家タチシチェフ(一六八六―一七五〇)の『ロシア史』の刊行もミュラーの努力に負っている。ソ連の学者ベルグ(一八七六―一九五〇)はミュラーについて、「豊かな才能と広い視野とぼう大な博識をそなえた学者であった。学問への彼の貢献ははかり知れないものがある」と書いている。

彼はモスクワで死んだが、このことは彼がロシアで親しまれる理由のひとつにもなっている。

J・グメリン

つぎはヨハン・ゲオルグ・グメリン(一七〇九―五五)である。グメリンはチュビンゲンに生まれ、同じ町の大学の医学部を卒業、一七二七年ロシア科学アカデミーに化学の専門家として招かれ、三一年以後化学と博物学の教授となった。三三―四三年間ミュラーとともにシベリアを調査旅行し、帰還後その資料を整理して四七年に『シベリア《フローラ・》の植物《シビリカ》』の第一巻を刊行し、四九年の第四巻をもって完結した。一七四七年グメリンは一年間の休暇を得て故郷へ帰ったが、そのまま母校チュビンゲン大学の医学部教授として留まり、しかも一七五一年にはロシア科学アカデミーに無断で自らの『シベリア旅行記』(全四巻)を出版した。彼はこの中で、当時のシベリアにおけるロシア人の実状を歯にころもを着せずに書いたため、ロシア政府やロシア科学アカデミーの憤激を買った。本書が画期的な名著であるにもかかわらず、今なおロシア語に訳されていないのは、このためと言われている。

グメリンは、ドイツからロシア科学アカデミーのかつての同僚に書き送った手紙の中で、「本書にはロシア国家とその栄光にとってふさわしくない事がらや学問と無関係なことは含まれていません。したがって本書中には、私の義務に背くことはなにもありません」と弁明し、また本書がペテルブルグで評判になったことに関連して、ドイツの一友人にあててラテン語でつぎのように書いている。

「私の聞いたことですが、イギリス、ドイツ、ロシアの王室の友好関係から考えて、私の旅行記の発禁、あるいは私自身の身柄引渡しの要求が懸念されます。あるいはまた、私を逮捕するためにこの地に秘密の使者が差し向けられるかも知れません。……こうしたことは勿論驚くべきことです。というのは、私は自分の著書においてロシア帝国とその栄光に反することはなにも書かなかったし、したがってこうした悪評は書物の内容もろくに知らない人たちによる中傷にすぎないと思います。」

一七五二年、ロシア科学アカデミーの事務局は、ミュラーとロモノソフに、グメリンの旅行記を読んでその積極的価値と欠点を要約して欲しいと依頼した。ミュラーは、十年間シベリア旅行をともにした友人として、その任にあらずとしてことわった。

結局、ロシア科学アカデミーはグメリンにたいしてもその著書にたいしても、なんら具体的処置をとらなかった。しかし彼の著作が当時のロシアでひどく嫌われたことは事実である。

グメリンの旅行記によると、シベリアのロシア人は全体として怠け者で、徹底的な酔っぱらいである。また総督や知事は掠奪者である。例えばトボリスクについて。

「トボリスクには多くの住民がいる。そのうちの四分の一はタタール人で、あとはロシア人である。これらのロシア人は大部分、自らの犯罪によってこの地に追放されたか、あるいは同じ理由によってこの地へ追放されたものの子孫である。この地ではすべてがきわめて安価であるため、つまりふつうの人間は年間十ルーブルもあれば生活できるため、非常に怠け者が多い。

ここには、必要なものはなんでもつくれるあらゆる手工業者がいるけれども、必要なものを入手することはたいへん困難である。権力に頼るか、監視兵をつけて強制的に働かせるかでもしないと、完成品が得られないほどである。また彼らがいくばくかの賃金を受ければ、彼らからつぎの製品を入手する前に、その金を酒代に代えてしまわぬようにしなければならない。これらの原因はただ一つ、パンが安いことにある。……彼らは、手許に一文もなければ何時間か働くが、その代わりつぎの一週間はまた遊んで暮すことができる。」グメリンは、タタール人はロシア人とちがって、酒を飲まず、生まじめであると指摘している。

A・プィピンはその大著『ロシア民族学史』(一八九一年刊)の中で、グメリンを弁護してつぎのようにのべている。「グメリンはロシアの生活から得た印象をかくそうとしなかった。十八世紀前半のロシア、とりわけシベリアの秩序や風俗は、新鮮な人間の眼にとって、たまらないほど粗野に見えたことは事実である。場合によっては、グメリン自身にとっても我慢がならないと思われたにちがいない。しかし当時考えられたように、グメリンがロシア帝国にとって侮辱的なことを意識的に書いたとは思われない。それどころか、反対に、グメリンはその紀行の序文においても本文においても、ロシア政府の学問にたいする施策をほめ、困難な旅行中にも多くの同情と援助をあたえてくれた善良な人々についてしばしば言及している。」

グメリンの旅行記には、シベリアの自然だけでなく、シャマニズムなど民族学的資料も豊富であり、不朽の価値をもっている。

グメリンの人柄について、その教え子クラシェニンニコフは、実に思いやりのある親切な研究者であったと記している。グメリンはシベリアで「ミュラーにかくれて私たちに講義をしてくれた。というのは、ミュラーは講義を禁じたからである」。ロシアの学界でミュラーのことを悪く言うものはいない。ところがクラシェニンニコフのような評価もあるのである。まことに人間関係というものは微妙と言うよりほかはない。ただし、クラシェニンニコフが直接指導を受けたのは、ミュラーではなくグメリンであったことも事実である。

S・クラシェニンニコフ

ステパン・ペトロヴィチ・クラシェニンニコフ(一七一一—五五)は兵隊の息子としてモスクワで生まれた。当時の著名な学者で貴族出身でない人は少ないが、貧しい平民出身者としてはロモノソフとこのクラシェニンニコフがその代表的例である。はじめモスクワにあったスラヴ・グレコ・ラテン・アカデミーで学び、一七三二年シベリア探検隊要員としてペテルブルグの科学アカデミーに派遣されて教育を受けた。一七三三年科学アカデミーの学生としてミュラー、グメリンとともにシベリアにおもむき、四年間主としてグメリンについて植物学の実地教育を受け、一七三七年ヤクーツクからカムチャツカに派遣された。このとき彼は、ミュラーとグメリンから八十九箇条にのぼる研究調査テーマを箇条書きにしてあたえられた。

カムチャツカで調査を熱心につづけたが、一七四〇年十一月ステラー(後述)が到着してからは彼の指揮下に入れられ、四一年六月彼の命によって、イルクーツクへ送られた。イルクーツクで探検隊に関係する仕事を約一年つづけ、四二年末ペテルブルグに帰った。四五年科学アカデミーの助手として植物園勤務、四七―四九年植物園長、五〇年博物学の教授、科学アカデミー付属大学の講師、同じく付属中学の校長となった。四九―五三年間植物調査のため数度の旅行を行ない、またアカデミーの依頼によって学術書をラテン語からロシア語に翻訳した。この中にはクウィントゥス・クルチウス・ルフスの『アレクサンダー大王史』も含まれている。畢生の大著『カムチャツカ誌』は一七五三年に完成したが、その刊行をまたず四十四歳の生涯を終った。書物は先にのべたように、一七五五年(実際は翌年)ミュラーによって刊行された。

本書はカムチャツカについての世界最初の学問的著作として刊行直後からヨーロッパ諸国語に訳された。後にのべるように、その内容はオランダ語を通じて、江戸時代の蘭学者前野良沢によって日本にも紹介された。シベリア事情が日本に紹介されたのはこれがはじめてである。

本書の成立の事情も劇的であった。クラシェニンニコフが一七四一年ステラーの命によってカムチャツカを離れるとき、それまでの調査資料をすべてステラーにとりあげられた。そしてステラーはその資料の一部を自著の『カムチャツカ誌』(フランクフルトとライプツィヒで一七七四年刊行)に利用した。ところがステラーが一七四六年悲劇的な死をとげたため、こんどはステラーの全資料がクラシェニンニコフの手に渡り、本書の出現となったのである。ステラーの未完の原稿も出版されたが、それはクラシェニンニコフの著書の約二十年後であった。

J・リンデナウ

ヤコフ・イワノヴィチ・リンデナウ(一七〇〇頃―一七九四)はスエーデン人であるが、一七三七年ロシアに移り、ペテルブルグの県庁に勤めた。一七三九年自ら北方大探検隊に志願して、通訳兼書記となった。シベリアではじめミュラーとフィシャーとともに働き、一七四一―四三年間はオホーツク港にあって、現地の地理的、民族学的記述のほか、一時はベーリング探検隊用の船の建造日誌の整理にあたった。四三年ヤクーツクに移り、翌年にはカムチャツカからの帰途、この地に滞在したステラーの指揮下に入り、四四年ウドスキー柵塞へ地理的調査のために派遣され、四五年ヤクーツクに帰った。一七四六年、彼は自分の書いた『シベリアの都市、道路、河川、民族の記述』と題する書物の原稿を持ってペテルブルグの科学アカデミー本部を訪れた。四七年、科学アカデミーの推せんによって少尉補《プラポルシチク》の階級をあたえられ、彼自身の希望によってモスクワのシベリア局、ついでイルクーツクへ移った。一七四八―五〇年間、イルクーツク付近のバラガンスク柵塞の長をつとめ、以後八年間イルクーツク総督府の計理官となった。六二年ネルチンスクへ製塩業監査のため出張し、翌年からはイルクーツクの製塩事業で働いた。

一七六四年彼はモスクワの製塩局を訪れ、長年の勤務にたいする恩賞として、自分の「妻と子どもたち」が食べていけるように、イルクーツク付近の土地と農民をあたえてほしい、しかもその税金は免除してほしいと願い出た。元老院はこの願書をイルクーツク総督の裁量に任せたが、その結果がどうなったか、今のところ不明である。

その後一七八六年、科学アカデミーあてにリンデナウの原稿「アムール川の記述」が送り届けられ、九〇年には、当時イルクーツクに在住していたエリク・ラクスマン（後述）のつぎの手紙がこの老人の消息をつたえている。これは一七九〇年三月六日付で、イルクーツクから科学アカデミー学術書記オイラーにあてたものである。

「ここで、わが科学アカデミーにもいくらか関係のある小さなニュースをお知らせしましょう。それは第一次カムチャツカ探検のときからアカデミーに勤務した人々のうち、ただひとりの生き残りである少尉補ヤコフ・リンデナウのことです。彼は今年九十一歳、かつてフィシャー教授とシベリアへ、ついでステラーとともにカムチャツカへおもむいた人です〔カムチャツカへ行ったというのはラクスマンの誤り〕。彼は今イルクーツクに住み、眼鏡なしで読み書きでき、町の端から端まで歩きまわり、自分の製粉所で働いています。去年からいくらか耳が遠くなりました。数年前私は彼のためにわずかな年金をお願いしたのですが、なんの返事もありません。こうして彼は人生のたそがれに貧窮にあえいでいます。これも、からめ手から財産をつくることのできない人間に通例の運命でしょうか。」

いかにもラクスマンらしい、人情味あふれた手紙である。リンデナウの最後はみじめであった。一七九四年、彼はイルクーツク付近のオサ川の岸辺にある小さな家で、ただひとり資料に埋もれて生活していたが、ある夜の火事で資料もろとも焼死したのである。

科学アカデミー文書館に保存されているリンデナウの著作はすべてドイツ語で書かれ、出版されたものは一つもない。ミュラーによれば、リンデナウは「驚くほど熱心な人であったが、必要な知識に欠けるところがあった」。私がリンデナウについて知ったのは、A・オクラードニコフ(一九〇八年生まれ)先生の大著『ヤクーチヤ史』を通じてである。先生は本書においてリンデナウの採集したヤクート族の伝説その他を原稿から多数引用している。また、リンデナウの原稿は価値の高いものであり、整理して出版される必要のあること、この人物のことはもっともっと知られるべきであると個人的に私に語られた。事実、九十四歳にして、原稿を書きながらシベリアの果てにひとり死ぬことは、なかなかできることではないと思われる。

G・ステラー

ゲオルグ・ウィルヘルム・ステラー(一七〇九—四六)は第二次カムチャツカ探検に参加した数ある人物の中で、最も「個性的」な天才学者であった。そして彼は、ベーリングとともに航海し、北アメリカの一部であるカヤク島をはじめて学問的に調査した唯一の専門家であった。ステラーが参加していなかったら、ベーリングの航海の成果はずっと貧しいものになったであろう。

ステラーはドイツのババリア地方フランコニアで、製靴組合の親方の子として生まれた。少時から学業に非凡な能力を発揮したが、たいへんな自信家であるうえ、短気で喧嘩好きという欠点をもっていた。たしかに自信家だけのことはあった。十二歳のときにつくったチョウの図鑑が、後年大学の出版局から公刊されるほどの天才だったからである。しかし大学生になると、彼のすぐれた才能に正比例して怒りっぽい性質もつのり、いくつかの大学を渡り歩いたが、ついに研究者のコースに乗ることができなかった。そこで彼は、一七三四年広い天地を求めてロシアに渡った。当時、ドイツやオランダ、デンマークなどの既成社会をはみ出した有能な軍人、職人、教師だった人間が、ロシアで司令官や科学アカデミー会員になったという例は珍しいことではなかったのである。

ステラーは故郷から歩いてアムステルダムに出、そこでペテルブルグ行貨物船の船長に頼みこみ、一般の水夫なみに働くことを条件に、無料でペテルブルグまで乗せてもらった。そして科学アカデミーのドイツ人学者ジークフリード・バイエルを訪れた。当時ロシアの科学アカデミー会員は全部ドイツ人だった。バイエルはステラーを、ロシアの宗教界で権勢を誇っていた大主教フェオファン・プロコポヴィチのお抱え医者として推せんした。この大主教はローマにも留学したことがあり、その宗教哲学の論文集は現在のソ連でも出版されている。

ふたりは意気投合した。フェオファンはドイツ語も上手だったが、ステラーとはいつもラテン語で話した。ステラーはここで、三万冊にのぼるフェオファンの蔵書を貪り読み、またオラニエンバウム(ペテルブルグ郊外)にあったフェオファンの別荘付近の植物を採集して、ラテン語で細かく記述した。この本は後に出版され、ロシア最初の植物学の専門書としての栄誉をになったものである。この間ステラーは、先輩のシベリア学者メッサーシュミットの未亡人ビルギッタ・ヘレネと結婚した。この女性は「抑えのきかない性格」だったといわれ、ステラーの死後はフライエスレーベンという教師と三度目の結婚をしたことが伝えられている。

一七三六年、パトロンのフェオファン大主教が重病にかかった。そこでステラーは、大主教に頼みこんでベーリング探検隊の一員に加えてくれるよう推せん状を書いてもらった。三七年二月、科学アカデミーは、年俸六六〇ルーブルでステラーを「博物学助手」に採用し、カムチャツカへ派遣することになった。彼のペテルブルグ出発は一七三八年一月十二日から三十日までの間であった。

ヴォルガ川経由でカザン、ついでカマ川経由でエカチェリンブルグ、トボリスクからトムスクに着いたのはその年の暮であったが、ここで熱病にかかり、もう少しで死ぬところであった。恢復して出発し、三九年一月二十日にはエニセイスクでミュラー、グメリンと合流した。グメリンはこのときのステラーの印象を『シベリア旅行記』の中でつぎのように書いている。「彼はどんな困難もいとわなかった。それは、それまでのシベリア旅行である程度証明ずみでもあった。衣服のことも全く意に介しなかった。シベリア旅行中彼が持参したものは極度に制限されていた。……食器はひとつしか持たず、これで食事の用意をし、これで食べた。料理人がいるわけはなく、自分で野菜、肉、スープをひとつに入れて煮こんだ。室内で食事をつくることから起こる煙なども気にせず、彼の研究のじゃまにならなかった。そえ髪や化粧道具も持参していなかった。……欠乏に堪えることによって彼の機嫌が悪くなることはなかった。むしろ困難なほど朗らかになった。……しかも、彼の生活様式が無頓着であったにもかかわらず、その観察は正確であり、あくことを知らず、十分に信頼するにたると私たちには思われた。学問に役立つことのためには、彼は、まる一日くらい飲まず食わずで通すことができた。」ステラーは後にカムチャツカで、原住民のカムチャダル族にまじって、彼らと寸分ちがわぬ生活まで体験したのである。

ステラーはミュラーとグメリンから資料や助言を得、学生のゴルラノフと画家のベルカンとともにカムチャツカへ向かった。しかしイルクーツクで旅費の受領に手間がかかり、約一年間耐乏生活を送った(一七三九年三月二十三日から翌年三月五日まで)。その間バイカル湖周辺の各地を調査旅行したが、一七三八―三九年におけるシュパンベルグの日本近海探検のうわさを聞き、四〇年四月三十日付で元老院に日本調査の許可を願い出た。しかしこれは実現しなかった。

イルクーツクにおけるステラーの窮状を救ったのは、ペテルブルグからの現金ではなくて、エニセイスクからやってきたミュラーであった。ミュラーは黙って総督府の経理部長の袖の下に二十ルーブルをつっこんだ。効果はてきめん、旅費は直ちに支給された。

四〇年八月二十日オホーツク着、ここではじめてベーリングに会い、九月二十一日カムチャツカのボリシェレツクに着いた。ベーリングからアメリカ探検の勧誘を受けた彼は、四一年三月二十日陸路でペトロパヴロフスクに着いた。ここで、彼にたいするベーリングの待遇に不満を表明し、「私はあらゆる点で、私の性格にふさわしいように受け入れられていません。私は、ベーリングその他の人々から兵隊なみに、卑賤なものとして扱われ、いかなる会議にも招かれません」と四二年十一月十六日付で元老院に書き送っている。

カヤク島とベーリング島での科学的観察においてステラーの本領はいかんなく発揮されるが、それについては後にのべる。

ステラーは一七四二年八月二十六日カムチャツカに帰還、生き残った他の隊員が家郷に一日も早く帰ろうとしていたのにたいし、彼ひとりほぼ二年間カムチャツカに留まって調査をつづけた。この間、四三年カラギンスキー島では氷が割れて犬と調査資料を失ったり、ラッコの図を描くために海を泳いだりした。またボリシェレツクでは、自費で流刑囚を教師とするカムチャツカ最初の学校を開いた。またこの集落で、不法に捕えられた十七人のカムチャダル族の釈放をめぐって、ワシーリ・フメテフスキーという少尉と争い、ステラーは強引に彼らを放免してしまった。フメテフスキーは元老院にあてて、ステラーはカムチャダル族の反乱に加担し、その首謀者を逃がしたと密告した。それを知ったステラーもまた元老院に訴状を書いた。

四四年八月三日、ステラーは多くのメモや資料とともにボリシェレツクを出発、八月十九日オホーツクに着いた。そこからユドマ、マイ、アルダンなどの河川を経由して十月二十一日ヤクーツク着、ここで越冬した。この旅行の途中も彼の探求は休むことがなかった。リンデナウに調査を命じたことも多く、リンデナウのすぐれた著作のひとつはこのときに書かれた。

一方、元老院はフメテフスキー少尉の訴状によって、イルクーツクの副総督ロレンツ・ランゲにあてて、ステラーが通りかかれば、直ちに出頭せしめて、ボリシェレツクでのカムチャダル族釈放事件について取り調べるよう命令した。ランゲはこの命令にしたがって、一七四五年夏イルクーツクに入ってきたステラーを取り調べた。ランゲと言えば、ピョートル一世の時代に前後六度にわたり北京を訪れた当代最高の中国通であり、多くのすぐれた日記を残しているほどの知識人であった。ステラーの釈明はよく理解され、旅行の継続が許可された。ステラーはその年の十二月二十四日、イルクーツクを出発、橇で西へ向かった。ステラーとしては、イルクーツクでの不愉快な取調べも無事落着し、将来の研究生活に胸をふくらませていた。

しかし残念なことには、ランゲはステラー無罪の報告書を、本人の出発から一カ月後に元老院へ送り出したのである。ここで問題はこじれた。元老院はランゲからの報告書が届かないので、ザハル・ルパンジンという急使をシベリア街道に送り、ステラーを見つけしだい直ちに捕えてイルクーツク総督府に送致するよう命令したのである。

ルパンジンがステラーに出会ったのは、一七四六年八月十六日、ウラルのソリカムスク付近にあった大富豪デミドフ家の植物園においてであった。ステラーは四月以来ここに滞在し、ロシア各地の植物六八〇種を分類整理し、植物地理学的な解説を加えた。これは『フローラ・ペルミカ』とよばれる未刊の著作である。またカムチャツカから持ち帰った植物の種子をまいて実験していた。

ルパンジンからイルクーツク送還を宣告されたステラーは色を失った。ソリカムスクからイルクーツクまでは約四千キロ、これをもう一度ナンセンスな理由のために引き返すことは耐え難いことであった。ステラーは口を酸っぱくして取調べの終ったことを説明した。しかしルパンジンとその手下の警察はそれを信用しなかった。ステラーは持前の激情を抑えることができず、ついに警察官を椅子でなぐりつけてしまった。

権力に抗するすべはない。ステラーは徹底的になぐられ、足枷をはめられ、馬車にほうりこまれて運ばれた。しかし死の病と言うべきか、ステラーの逆上はその途中でも静まらなかった。そしてある夜、警官のすきをとらえて、裸馬にとび乗ってソリカムスクに逃げようとしたが、足枷のために落馬し、頭を打って意識を失った。ルパンジンは怒ってステラーを裸にし、馬車にしばりつけて手綱でなぐった。兵隊にもなぐらせた。ステラーの背中は皮膚がちぎれて赤い肉が露出した。ルパンジンはステラーをむしろにくるみ、イルクーツクを目差した。

一行が西シベリアのタラ川まできたとき、ステラーの釈放を伝える元老院からの別の急使が追いついた。ここでステラーは放免され、再びソリカムスク経由ペテルブルグを目差した。しかし、このときすでにステラーは重病にかかっていた。困苦欠乏に堪え、北太平洋の無人島における九カ月の飢えからも生き残ったステラーの強靱な肉体も、警官の鞭の打撃からたちなおることができなかった。背中は膿みただれ、咽喉からも血が流れ出た。ステラーは一七四六年十一月十二日、チュメニの手前で息絶えた。行年三十七歳、炎のようにはげしい、短い一生であった。

ステラーは大量の原稿を残し、その死後北太平洋方面の動物、植物、民族、探検の経過について八点にのぼるすぐれた著作が刊行されたが、今なお原稿のまま残されているものも少なくない。中でも『ベーリング海の海獣』(一七五二年)、『カムチャツカ誌』(一七七四年)、『ベーリング島誌』(一七八一年)、『カムチャツカからアメリカへの航海日誌』(一七九三年)などは不滅の業績とされている。

第二次カムチャツカ探検に関する女帝アンナ・ヨアンノヴナの準備命令は一七三二年四月十七日に下され、その年の十二月二十八日に最終的な任務が示された。

ペテルブルグからオホーツクへ

困難な準備と編成の後、探検隊は一七三三年三月六―七日、四班に分かれて橇で出発した。ベーリング自身は少しおくれて四月十八日妻をともなって出発した。ベーリングの妻アンナは、後に夫がヤクーツクを出発してオホーツクへ向かったとき、ペテルブルグへ帰った。

探検隊は五月三日トヴェリへ到着、それ以後は主として河川を利用した。七月十四日カザン、十一月にはベーリングはすでにエカチェリンブルグに、ついで十二月には当時のシベリアの中心地トボリスクに着いた。一七三四年七月ベーリングはイルクーツクに、十月には探検隊の基地に定められていたヤクーツクに到着した。一切の糧秣、造船用の資材がここに集結され、探検隊のために小さな鉄工所がつくられた。

ベーリングのヤクーツク滞在は三年に及び、この間休むことなく準備がつづけられた。彼がヤクーツクからオホーツクに着いたのは一七三七年九月のことである。長期にわたるベーリングのヤクーツク滞在はペテルブルグ当局の気に入らなかった。海軍省は命令書のたびに一刻も早くヤクーツクから出立するよう要求した。ベーリングはさまざまな理由をあげて準備がととのわないと申したてた。ベーリングが現地役人の非協力的態度を訴えると、海軍省は地方長官

図9 18世紀のオホーツク港. クラシェニンニコフの『カムチャツカ誌』より

にたいして探検隊を援助するよう厳命を発し、命令に従わない場合には「罰金刑だけでなく、きびしい体刑に処す」と脅かした。地方長官の方も探検隊員のやり口が強引だと言って訴えた。ベーリングは「自分の良心に誓って、これ以上努力することはできません」と返答した。ついに海軍省はベーリングの給料のうち僻地手当をけずってしまった。

ベーリングが最も悩んだのは輸送の問題であった。一時は二千人からの人々が動員されたが、途中で資材をほうり出して逃亡する原住民があとを絶たなかった。また将来困難な航海に出かけるはずの乗組員たちが運搬の重労働のために体力を消耗させていた。後に北太平洋の航海において多くの犠牲者を出した遠因は、実はここにあったのである。

オホーツクには、ベーリングより先にチリコフの部隊が到着していた。隊員もしだいにここに集結させられたが、その食糧だけでも年間一万六千プードを必要とした。隊員たちの心は荒み、些細なことをとりあげてお互いに告訴しあうものも少なくなかった。一七三七年秋には、隊員はふたつの敵対する陣営に分かれたとさえ言われる。オホーツクの長官スコルニャコフ・ピサレフは探検隊にさっぱり協力しなかった。海軍省はベーリングに探検隊員たちの告訴の審査を依頼した。しかしベーリングはこうしたことにあまり熱意を示さなかった。このことでベーリングの「煮え切らない」態度を非難する人も多いが、しかしこうした状況では「煮え切らない」こともひとつの解決法と思われる。

オホーツクでは、シュパンベルグの監督のもとに二隻の船が建造された。アルハンゲル・ミハイル号は一本マストの長さ六〇フィート、ナジェジダ号は三本マストの長さ七〇フィートであった。ほかにフォルトゥナ号と聖ガヴリール号という二隻の、長さ六〇フィートの古い船が修理された。これはベーリングの第一次探検以来のおなじみの船である。シュパンベルグ支隊は九月には出帆できたが、食糧不足のためはたせなかった。

一七三七年十月四日、フォルトゥナ号が樹脂をとりよせ、カムチャツカで用意された食糧をボリシェレツク(カムチャツカの西岸)へ運搬する目的で派遣された。学生のクラシェニンニコフはこの船に乗っていた。

この航海は、はじめ天候に恵まれていたが、ボリシェレツク到着のとき強風のために岸にたたきつけられ、船は木端微塵になってしまった。

一七三七—三八年の冬の間、ヤクーツクとオホーツクの間にある「ユドマ川の十字架」という地点からオホーツクへ荷物が運ばれた。人々は「自分で担ったり、橇で引いたりして疲れはてた。それに衣服や履物も破れてしまい、はだかと裸足になった。しかしどんな援助もさし向けられなかった。この地には人家がなく、オホーツクには商店もないからである」とベーリングは書いている。

日本近海への航海

シュパンベルグ支隊の航海の目的は日本への航路を探求し、合わせて千島列島を調査することであった。

一七三八年七月十三日、シュパンベルグ大尉はアルハンゲル・ミハイル号、ナジェジダ号、聖ガヴリール号という三隻の帆船をしたがえてオホーツク港を出発、ボリシェレツクを経由して針路を南にとった。しかし数日後、三隻は互いに離れてしまい、シェルチングを長とする聖ガヴリール号はボリシェレツクに引き返した。シュパンベルグとワルトン中尉はそれぞれ独立して千島列島を南下し、前者は島数を三十二、後者は二十六と数えた。このとき前者は北緯四五度、後者は四三度二〇分、つまり根室の線まで南下した後ボリシェレツクへ引き返した。この第一回航海の成果は少なかった。

翌年の五月二十一日、冬の間にボリシャヤ河口で建造されたボリシェレツク号を含む四隻の船団はボリシェレツク港を出航、千島列島の線を越えて、デリルの地図に「ガマの陸地」の描かれている北緯四七度の線を横断したが、それらしい陸地は発見されなかった。六月十四日、北緯三九度二九分の海上でワルトンの指揮する聖ガヴリール号は船団から離れた。

シュパンベルグの指揮する三船は六月十四日日本の海岸を見つけ、これに沿って南下、二十二日北緯三七度三〇分のところで海岸から一露里のところに投錨した。ここで乗組員と日本人との間に活潑な交渉があった。その状況についてシュパンベルグは報告書の中でつぎのように書いている。

「そのとき日本の海岸から日本の漁民が小舟でやって来、その多くは私たちの船に上りました。彼らはカレイその他大小の魚をもってきました。そして私たちは日本人と葡萄酒を飲み交しました。私たちはもっと多くの日本人を見たいと思ってアルハンゲル・ミハイル号を手持ちのロシア国旗などで飾りました。私たちのところには多くの日本人がおり、また米、塩漬のキウリ、新鮮な太い大根、タバコの葉、広い植物の葉、その他の野菜や品物を舟に積んで持ってきました。私たちは彼らから必要な品物をとり、その代わりに彼らに品物をあたえ、あらゆる友情をこめて彼らを迎え、ご馳走しました。彼らは私たちのご馳走や贈物にたいして、その都度丁寧に受取り、また受取るときにはそれを胸に押しつけました。またクリル列島からつれてきた通訳は日本人と話すことができませんでしたが、しかし日本人が彼らの習慣に従って、喜んで自由に乗組員たちと反物その他の品物を交換する状況を満足してながめることができました。……六月二十二日には地位の高い役人が私たちの船にやってきましたので、ロシアの銀貨を贈りました。彼らは銀貨に描かれている人物を指さして誰であるかきいたので、この方は皇帝であることを知らせると、それに接吻し、頭上におき、地面につくまで三度お辞儀をしました。そのとき私たちの船のまわりに、十人または十二人が乗りこんでいる小舟が七十九そう集まりました。これほど多くの人々と勇敢さを見て、乗組員を岸に派遣することを止め、彼らから不意の攻撃を受けたり、讃辞でだまされたりしないために岸から離れ、日本からカムチャツカの方にある島々へ向かって引き返しました。」

また日本人の外観についてはつぎのように書いている。「彼ら日本人は中背または小柄である。衣服はタタール人とよく似ている。裸足で歩き、ズボンもズボン下もはいていない。頭頂から額にかけて髪を剃り、髪を糊ではりつけ、髪束を後方でしばっているが、それは上方につき出ている。彼らの帽子は草でつくられ、平らで大きいが、それをかぶってあごの下で結びつけている。帽子をかぶらないものは頭を布片で包んでいる。長マント《エパンチャー》の代わりに蠟引紙が用いられている。……日本人の身体は、白い者もあるが、多くは浅黒い。眼は小さく、髪は黒く、ひげは剃られている。」

シュパンベルグ船団は針路を北東にとり、七月三日、北緯四四度二四分のあたりで三つの島、七月七日ゼリョヌイ島、七月八日ヌ(ク)ツカム島を発見したが、L・ベルグの意見では、それが現在の千島列島の一部であることは事実であるが、どの島か不明である。ヌツカム島の住民には八人ほど出会ったが、ひげや体毛が濃く、「耳には銀の環を下げていた。彼らの小舟はわがクリル族の場合と同じように皮舟《バイダル》であった。言葉もクリル語に似ていた」。

七月二十四日、船が松前島に近づいたとき多くの日本船を見た。しかし乗組員は疲れ、二十人あまりの病人がいたため、八月二十九日オホーツクに帰着した。この航海で乗組員十三人を失った。

一方、シュパンベルグと別れたワルトンは六月十六日、北緯三八度二九分において日本の海岸を見た。それから海岸沿いに南下したが、六月十九日になると、「十八人乗り組んだ舟が近づいた。しかし通訳がいないため話ができず、ただ身ぶり手ぶりでワルトンを岸へ招いた」。そこで航海士《シュトウルマン》のL・カジミロフと給養係チェルカシェニンに六名の水兵をつけて飲料水を求めて上陸せしめた。「このときワルトンは日本人と友好的に事を運ぶように若干の贈物を持たせた。その日航海士は一樽半の水を持って無事帰船したが、つぎのように報告した。彼らがボートで海岸に近づくと、それぞれ十五人乗りの小舟が海岸から一五〇そうほど押し寄せてきた。日本人の多くは長い中国風の衣服をまとい、漕手はすべて裸であった。ボートの方に漕ぎ寄せて、船上から彼らに黄金を見せた。航海士がボートを岸につけると、海岸には多くの住民が集まり、たいへん歓迎して、彼らの作法に従ってお辞儀をした。そして日本人はボートの中に二つの空樽のあるのを見て、それをある家まで運び、一樽半ほど水をつめ、ボートまで運んでくれた。航海士はその間、水をくれた家を訪れたところ、主人は彼を戸口のところであらゆる敬意をこめて出迎え、部屋に招き入れ、坐らせ、彼と水兵たちに陶器で酒をすすめ、糖蜜のようなものに漬けたアンズ〔梅のことか〕、切られた大根などの前菜《ザクスカ》、それからタバコと中国風の煙管を出してくれた。それから航海士はこの家の主人に感謝し、他の家を訪れた。するとそこの主人も前と同じように彼を迎え、自分のそばに坐らせ、前菜と酒をご馳走し、また煮られた米を持ってきた。航海士はそこで、二人の主人と水を運んでくれた日本人にガラス玉その他の小物を贈物とし、通りへ出た。戸数は一五〇〇ほどで、建物は木造と石造があり、大きな建物が海から三露里ばかり離れて海岸沿いに見られた。この村の住民の住居は清潔で、陶器製の花壇があったり、色とりどりの綿織物や絹織物その他を売る商店もあった。他の品物は時間がなくてよく見ることができなかった。家畜としては牛、馬、それにニワトリがあり、穀物は米《プシェノ》とエンドウだけと思われた。野菜は、葡萄、ダイダイ《ポマランツィ》、アンズ、大根などである。

そしてこの航海士カジミロフとともに、日本の役人らしい人物がワルトン中尉を訪れた。ワルトン中尉はこれを代官であると考えた。というのは、彼は百そうあまりの小舟に送られたからである。各舟に十五人が乗り組み、武器はなにも持たなかったが、舟の中にかなりの量の石が積まれてあった。ワルトンはこの役人を丁重に迎え、彼とその同行者にウォツカとカムチャツカ酒をすすめたところ、彼らは黙ってそれを飲んだ。また日本人の方も舟で四分の一樽ほどの酒を積んできており、ワルトンその他の者をもてなした。その日本人はワルトンにとって好意の持てる人物と思われたが、多数の舟がワルトンの船の付近に集まり、なお無数の舟が岸を離れつつあったので、長く碇泊していることができなかった」(ベーリングの報告書より)。

ワルトンの方はシュパンベルグとはちがって、航海士カジミロフ他数人を日本に上陸させただけましであったが、しかし結局いざこざの起こるのを恐れて退散してしまった。彼らの中にステラーのような人物がひとりまじっていたら、事情は全くちがったことだろうと思われる。

六月二十三日、北緯三三度二八分(?)の小島に止まり、岸に上って「ダイダイの木、数個の真珠貝、モミの枝」を拾った。また薬学生は草と球果《シッカ》を拾い、後に病人のために煎薬をつくった。ワルトンの船は七月二十三日ボリシェレツク、八月二十二日オホーツクに帰着した。

シュパンベルグとワルトンの航海は、ロシア船による最初の日本訪問である。両船は日本人を警戒しすぎてあまり成果をあげることができなかったが、それでもカムチャツカとクリル列島、日本の関係位置がはじめて明らかにされた。彼らはそれぞれ地図と報告書をベーリングと海軍省に提出した。

シュパンベルグとワルトンの航海は日本の記録にも「元文の黒船」として残っており、しかも前記の報告書の内容に多くの点で符合している点はきわめて興味深い。

「元文の黒船」

一七三九年(元文四)のことである。片仮名を平仮名になおしてその記録を岡本柳之助編『日魯交渉北海道史稿』によって紹介しよう。まず、シュパンベルグの接岸について。

日本の東海岸に魯国船初めて出没す。今を距ること、百五十七年前、桜町帝の朝、徳川吉宗の将軍職たりし時、元文己未五月廿三日、奥州仙台領、牡鹿郡の沖に、日本人の見馴れざる船、三艘出没し、其翌廿四日の朝、亘理郡浜沖に、三艘現出す。同廿七日の薄暮、牡鹿郡網地浜の漁夫、喜三兵衛なる者あり、漁に出て田代浜沖に至る。此者朝餐を早く食し、殊の外空腹なりければ、陸に帰らんとしける所に、大船壱台艘近くに颼り来る。穀船ならんと思ひ近づけば外国船なり。其人々を見るに何やらん食し居れば、已れも空腹に堪へかね、喜三兵衛形容して船(食)を乞ふ。彼れ食する所の蒸餅を与ふ。彼又喜三兵衛に望むに、烟草を請ふものの如ければ、其懐中する所のものを与へたり。其時十文字を印したる札、壱枚を贈る。船中を見るに、丈高き男四五十人も居りたり。日も将に暮れなんとすれば、喜三兵衛は陸に帰りぬ。尚ほ此船近海に居りて、出没せしかば、早くも仙台に聞え、藩臣千葉勘七郎なる者、見分として出張し、其船に近くに及んで、被り物を取り、礼し案内を乞ふ者の如くす。魯船も之を領し、船内へ延《ママ》く。船中一見を乞ふ者の如くしければ、船員案内して船室に招じ、船将自ら出て、銀盃にて酒を薦め、又万国図を出して示し、日本に近き所に至りしを云ふ。船中武器を見ず、皮類を積んで充満す。又狐の皮の様なるものを勘七郎の従者に与へ、其者の着する所の紙合羽を見て、殊の外望むものの如くしければ、与へて帰ると云ふ。

又田代浜の沖に在る時、名主善兵衛其船を見分せんとして、其船に至る。彼等善兵衛の礼儀する時、頭を撫で手に油の附きたるを見て、一笑し居れりと。善兵衛船中を残る隈なく一見し、帰りて仙台侯へ開申せり。又河浜の平三郎、田代浜の辺にて黒船に逢ひ、船中より声を発して、とばこ、と云ふ。故に烟草を所望するならんと思ひ、紙片に包み、丸めて投与せり。平三郎の船へ銀子を投げ入れたり。其後去りて行く所を知らず。仙台侯は銀子及札等を添へて、幕府に開申しければ、幕府は之を長崎奉行に下し、和蘭甲比丹をして鑑定せしむるに、銀子は魯西亜国の通貨にして、札は骨牌なる事を証せり。

ここにはシュパンベルグの報告書に見えるさかんな物々交換の状況は全くふれられていない。しかしシュパンベルグが「蠟引紙のマント」と言っているものが「紙合羽」であること、頭をなでてちょんまげを確かめたこと、銀貨のことなどが一致している。それからシュパンベルグの乗組員がひとりも上陸していないことも裏づけられている。

つぎにワルトンの船についての日本側記録である。

此月廿五日、安房国長狭郡天津村より二里沖に、外国船壱艘来り、天津村浦方の網納屋に住居する漁夫太郎兵衛の家に、万右衛門なる者居合せけるが、海岸に八人乗の端艇に乗り、水樽を持ち、何れも靴を穿ちて上陸し、井戸を尋ね来りて水を汲み、糸に連ねたる玉十七連、外に玉七を置き、其謝礼を表する形容して示し、黙礼して去る。其井戸の際なる、太郎兵衛の宅に腰を掛け、其家に在る所の烟草を引寄せて喫したり。紙筆を与へて書せしめんとすれども書せず。太郎兵衛の隣家に市右衛門なる者あり。此家の戸口に置きたる大根、四五本を取り銀子を一個置て去る。市右衛門其銀子を返さんとするに、言語通ぜず、彼も強て置き去る。早速其旨を本村の名主組頭に報じければ、名主長右衛門、組頭八郎兵衛来ると雖も、既に外国人は去るを以て、船を下して其跡を追ふと雖も、本船は既に碇を揚げて、針路を南して去る。名主組頭は玉及銀子を添へ、状を具して此地の支配なる幕府の代官原新五郎に届出たり。幕府は銀子及玉を長崎奉行に下し、和蘭甲比丹に鑑定せしむ。銀子は魯国の通貨にして、玉は坊間に鬻ぐ所のものなり。陸奥安房の海岸に来りしは、魯国船なることを知るを得たり。

この記録でも「八人乗」という人数から水樽、ガラス玉のことまですべて符合する。ところが名主長右衛門らしい人物がワルトンの船に上り、ウォツカを飲んだことは記されていない。後難を恐れて報告しなかったものと思われる。ワルトンの乗組員の上陸は明らかに裏づけられている。

高野明氏の研究によれば、このときシュパンベルグやワルトンが日本側から入手した小判、銅貨、反物などの品物が当時の博物館であるクンストカメラに納められ、その一部がレニングラードに現存している。

ベーリングのアメリカ航海

ペテルブルグからはベーリングの出航にたいする矢の催促がつづけられた。一七三九年十一月十九日付でシュパンベルグの日本航海の報告が送られると、ロシア政府のF・ソイモノフはベーリングに代わってシュパンベルグを探検隊長に任命しようと考え、その構想を部内にはかった。しかしこの構想は、探検隊にとって幸いなことには、実現されなかった。シュパンベルグが隊長に任命されていたら、乗組員の反乱が起こっていたかも知れない。

一七四〇年五月、海軍省からベーリングにあててつぎのような命令が届けられた。「海軍省に寄せられた報告のなかでひとつのことだけが考慮に入れられた。すなわち船材が用意され、船は建造され、帆は縫われつつあるということである。しかし、それがいつまでに出来上り、いつ予定の航海に出航できるかについては示されていない。海軍省はこのことから、命令を速やかに遂行しようとする努力の不足のために、出発までにはまだ少なからぬ期間を要するものと判断せざるを得ない。なぜならば、船材は早くから用意され、船は建造され、帆は縫われてあるべきであって、報告書におけるように、帆の縫装と索具のために小屋が建てられている状態であってはならないのである。それが根本的理由であるとはとうてい考えられない。したがって以下のことが厳重に命令される。意外にもこの命令書受領までに船が未完であれば、これを完成し、すべてをしかるべく整備し、あらゆる遅滞なしに出航すべきである。無用な書信の往復はこれを止め、これまであたえられた多くの命令に従って、以後特別の命令を待つことなく、すべては直ちに実行されるべきである。」これはきびしい最後通告のようなものであった。

指導部内における軋轢も遅滞の一原因であった。ベーリングとチリコフの間にも意見の対立があり、それぞれ探検隊からおろしてほしいと願い出た。ベーリングは老齢と病弱を理由にあげていた。

一七四〇年六月、オホーツクでは探検用に建造された二隻の船《パケットボート》がやっと完成し、聖ピョートル号および聖パヴェル号と名づけられた。いずれも長さ八〇フィート、二本マスト、排水量六千プードであった。両船にはそれぞれ十四門の小さな砲が装備された。進水の直前、デ・ラ・クロイエルとステラーがオホーツクに到着した。

九月六日、聖ピョートル号はベーリング、聖パヴェル号はチリコフの指揮のもとに二隻の運送船を同伴して出航した。そしてボリシェレツクに運送船と大量の荷物、それにデ・ラ・クロイエルとステラーというふたりの学者を残して、カムチャツカ半島南端のロパトカ岬を迂回して西岸の良港アワチャ湾に向かった。おりしも台風のシーズンに入り、船は揺れに揺れた。第二次カムチャツカ探検について興味深い書物を残した聖ピョートル号の先任士官スヴェン・ワクセルは、この海峡通過についてのべている。「ここには暗礁があってたいへん危険な場所であった。わたしの生涯を通じて(わたしの航海生活は約四十年に達する)、このときほど重大な危険に遭遇したことはなかった。」

約十日間にわたる嵐の中の航海を終え、船隊は十月六日無事アワチャ湾に入ることができた。ここで前年の夏、乗組員の宿営準備のため先遣されていたイワン・エラギンの一行の出迎えを受けた。ベーリングは世界有数の良港と思われたアワチャ湾を、この日、自分たちの探検船名にちなんで「ペトロパヴロフスク」と命名した。その冬は、ボリシェレツクからの食糧運搬などにあたりながら、ここで過ごした。

翌年四月十八日付でベーリングは、政府あてに、第二次カムチャツカ探検隊のそれまでの活動を総括した長文の報告書を発送した。その末尾にはベーリングだけでなく、チリコフ、チハチェフ、ワクセル、プラウチン、ヒトロヴォらの将校たちも署名した。この報告書を読むとき、ベーリングがここである程度死を覚悟していたことがうかがわれる。

五月四日、出発前の将校会議を開き、今後の航海予定を検討し、決定した。その結果、まず北緯四六度まで東南東に進み、そこに目差すフアナ・デ・ガマ島がなければ、そこから東北に

図10　18世紀当時のペトロパヴロフスク港．クラシェニンニコフ『カムチャツカ誌』より

向かうことになった。この島が実在しないことについては、一七三九年のシュパンベルグの航海によって明らかにされていたが、もう一度確かめることになったのである。

　ファナ・デ・ガマ島、あるいは「ガマの陸地」とはなにか。これはベーリング探検隊のためにつくられたフランスの天文学者ジョゼフ・ニコラ・デリル（一七一九年以後パリ科学アカデミー会員、一七二六年以後ペテルブルグ科学アカデミー会員）の地図に描かれた空想の「陸地」である。これはカムチャツカの南、「エゾの地」の東方の地に示され、デリル自身はこの陸地がアメリカのカリフォルニアと接続しているかも知れないと考えていた。「ガマの発見したこの陸地に上陸した者は、私の知っている限りでは、まだ誰もいない。したがっていかなる国の領有にもなっていない」とのべた。アメリカの学者ゴルダーによれば、「ガマの陸地」は、一六四九年テクシエラ Texeira の作成した地図にはじめて現われ、一七二二年発表されたホーマンの地図では「エゾの地」Terra Esonis と同一視され、北アメリカまでひきのばされていた。

この「ガマの陸地」の調査に関連して、探検隊員にはジョゼフ・デリルの従弟、同じく天文学者のルイ・デリル・デ・ラ・クロイエルが参加していた。

聖ピョートル号と聖パヴェル号は一七四一年六月四日、ついにアワチャ湾をあとにして未知の海へ船出した。聖ピョートル号の乗組員はベーリング以下七十七人、聖パヴェル号はチリコフ以下七十五人、積んだ食糧は六カ月分であった。学者のステラーは聖ピョートル号、デ・ラ・クロイエルは聖パヴェル号に乗っていた。ペテルブルグを出発してからすでに八年以上の歳月が流れていた。

八日後、船は「ガマの陸地」の予想海域に着いた。そこは縹渺《ひょうびょう》とした海が広がっているだけで、陸地らしいものは全く見えなかった。デリルの地図の、少なくともこの部分はインチキであった。スヴェン・ワクセルは書いている。「エゾまたはデ・ガマの陸地を発見したことを航海者に広く知らせる前に、その未知の陸地を実際に調査することこそが誠実な人のなすべきことであろう。そうでないと、必要あって洋上を走る多くの誠実で勇敢な人びとを恥知らずに、言語道断のかたちで欺くことになる。確かめられていないこと、想像にのみ基づいている事がらを事実として断定しようとする人にたいしては、私はむしろ沈黙を守ることをすすめたい。……私たちがこの誤った地図によって陥し入れられた恥知らずの欺瞞を想起するたびに、怒りで血の煮えたぎる思いがする。わたしは、この欺瞞のために、すんでのところで生命をも名誉をも失ってしまうところであった。」

空想の陸地を探すために貴重な日数を浪費したことは、ベーリングにとって堪えられないほどつらかった。しかも出発直前の会議で、チリコフはこの陸地にかかずらわないよう提案していたのである。これに加えてつぎの災難に見舞われた。この日、濃霧の中で両船は互いに相手を見失い、数日間、大砲を撃ったりして探したがついに見当らなかった。やむを得ず両船は別々に東へ向かった。

航海中ステラーは自らの観察に基づいて陸地の位置や船の針路について意見をのべた。つまり、海草の多いことやアザラシの出現、定まったように北方へ飛ぶカモメの群から判断して、陸地が北方のわりあい近距離にあることを主張したのである。こうした考えの乗組員はステラーひとりではなかったらしい。しかしベーリングをはじめとする聖ピョートル号の士官たちはこれをとりあわなかった。その理由のひとつは、六月十二日船が北緯四六度にあったとき、ステラーが誤って島が南方または南東方にあると言ったためである。

ステラーはベーリングをはじめソフロン・ヒトロヴォとかスヴェン・ワクセルらの士官たち

と折合いが悪かった。そのことは彼の意見の受け入れられない理由でもあった。

七月十六日午後一時頃、乗組員は行手のはるかかなたに「高い山」をみとめた。これは後に判明したが、北アメリカ最高の山のひとつであるセント・エリアス山(海抜五四八九メートル)であった。そのときの船の位置は北緯五八度一七分、西経一四二度一〇分であった。

弱風のために、船が陸地に着いたのは七月二十日であった。ワクセルによれば、この日の「夕方六時、大陸からあまり遠くない位置にあるかなり大きな島の、深さ二二サージェン〔一サージェンは約二・一三メートル〕の柔らかい粘土質海底に錨を下ろした」。乗組員の眼前にはアメリカの海岸が開かれていた。ステラーの報告によると、「山々の麓には見事な樹林と広い平野が展開していた。岸は平らで、見える範囲では砂質であった」。これも後に判明したことであるが、船が錨を下ろしたのは今のカヤク島の南西端であった。こうして聖ピョートル号は一カ月半あまりでペトロパヴロフスク港から二九五〇キロを航海し、北緯五六度四四分に達したのである。

ここでの任務も、一七三三年二月二十八日付の海軍省命令で示されている。

「アメリカ海岸らしい陸地に着いたら、そこに上陸して、そこの住民や島の名称を明らかにし、まちがいなくアメリカであるかどうかを確かめ、それを正確に地図に移した後、さらに時間の許す限り海岸を調査せよ……。」

しかしベーリングは帰還をいそいでいた。彼はもはや六十歳に達していた。それに健康をそこない、航海中ほとんど船室から外へ出ることができなかった。実際の指揮にあたったのはワクセルとヒトロヴォであった。アメリカの陸地を発見したときにも、あまり喜びを示さなかった。ステラーの記述によると「ベーリングは私とプレニスネルに向かって言った。〃われわれはみな発見したと考え、多くの人は空中に城を築いている。しかし誰もが、われわれがいかなる陸地に達し、故国からどれほど離れており、いかなる困難に堪えねばならないかを考えていない。われわれはこの地域を知らないし、越冬のための食糧も確保していないのだ〃」。

こうした状況で、ベーリングは士官たちにはかることもなしに、明七月二十一日カムチャツカへ引き返す予定であると厳命した。しかしここでステラーが食いさがった。この航海は「アメリカからアジアへ桶一ぱいの水を運ぶためのものだったのか」と彼は怒った。

七月二十日夕方、ソフロン・ヒトロヴォ中尉が短時間の偵察に送られ、少数の乗組員が水を運ぶために上陸することになった。ステラーも上陸を希望した。高緯度(北緯五六度四四分)のため昼は長かった。ベーリングははじめこれを拒否したが、半ばステラーの見幕に押されて、当番兵ひとりをつけて上陸を許可した。ステラーの上陸はわずか六時間ほどであったが、この間住民の生活や自然について観察し、一六〇種にのぼる植物を採集したのである。

島に上陸したステラーは約一キロほど奥へ入ったとき、原住民がほんの今まで坐っていたと思われる焚火の跡を発見した。ここで木をくりぬいた容器を発見したが、これはその中の水に焼けた石をほうりこんで食物を煮るためのものであった。散らばっている骨や肉は、トナカイのものと思われた。焚火のまわりには乾魚《ユコラ》が散乱していた。ステラーはまたそこで多くの貝殻を発見した。生の貝類や乾魚を食用としていることはカムチャツカの住民を想起させた。また焚火のそばで火打石を見つけたが、ほくちが苔でつくられ、カムチャツカのものとは異なっていた。木材の切口から判断して、原住民の斧はカムチャダル族の場合と同じように、石または骨でできていた。

約三キロほど入ったところで、ステラーと従者のF・レペヒンは草でかくされた小道を発見し、それに従って行くと深さ二サージェンの穴蔵を見つけた。ここにはつぎのようなものが見られた。

㈠編かご。これは高さ二分の一アルシン〔一アルシンは〇・七一メートル〕ほどで、中にはカムチャツカのサケに似た燻製の魚がつめられてあった。これはオホーツクではツングース語でシュチェルカとよばれ、カムチャツカでは赤い魚として総称されているが、しかしこちらの方がカムチャツカのものよりもずっと美味であった。㈡酒を醸造するための甘い草若干……。㈢麻のような繊維をとるためのさまざまな草。私はこれを、この地にもカムチャツカにも多いイラクサと考えている。㈣筒のように丸められ、乾燥させられたカラマツまたはマツの白木質。これは飢饉のとき、カムチャツカだけでなく、シベリア各地、ロシアのフルィノフおよびヴャトカ付近まで食糧として利用されているものである。㈤海藻でつくられた大きな縄の束。これは試してみたが、異常に丈夫で固かった。ここで私は数本の矢を発見したが、寸法がカムチャツカのものより大きく、ツングース族やタタール族のものに似ていた。それは見事に削られ、黒く塗られていた。このことから私は、原住民の間に鉄器およびナイフの存在を推定した。」

ステラーは船上のベーリングに見せるために従者に発見物を持たせて引き返させ、自分はさらに六キロほど入って、高い断崖に出た。ステラーは島の横断を考えたが時間がないのであきらめることにした。

はるかに、原住民の集落のあるらしいモミの林から煙がたちのぼっていた。彼は走るようにして海岸の水汲み水兵のところに行き、集落に行くための許可をベーリングに求めた。しかし隊長はこれを許可しなかった。ステラーは日暮れまで自然の観察と採集をつづけ、「島に残していく」と警告されてやっと聖ピョートル号に引き返した。ソ連の学者ベルグは、この原住民がエスキモーの一系統であるとのべている。

聖ピョートル号は七月二十一日午前九時帰還の途についた。ここでベーリングは完全に病床についた。八月三十日シュマギン諸島の一島で飲料水を補給し、自然と住民の観察を若干行なうことができた。つづいて九月四日午後五時、シュマギン諸島最南端の島でアレウト族と接触した。ワクセルはその著書の中でつぎのように書いている。

「九月五日〔実際には四日〕、私たちは再び外海へ出ようと試みたが、強い南西風のために引き返し、海からの風によくさえぎられたもとの碇泊地点に帰らざるを得なかった。私たちは、こんなに安全な場所を見つけたことを喜んだ。夜、またも南東からはげしい嵐が吹いてきた。私たちは一晩じゅう錨を二つ下ろして船を支えた。

最寄りの一島から人間の叫び声がきこえ、焚火が見えてきた。まもなくアザラシの皮でつくられた二そうの小さな皮舟が現われた。皮舟にはひとりずつ人間が乗っており、私たちの船から十五—二十サージェンのところまで漕ぎ寄ってきた。

私たちは彼らと話すことができないので、彼らはさまざまな身ぶり手ぶりで、彼らの岸へ上がるように招いた。彼らの方から私たちの船に上がろうとは決してしなかった。彼らはさらに近づいてきた。そこで私たちは若干の小物を贈物として海上に投げあたえることにした。それでも彼らを私たちの船に乗せることができず、彼らは岸に引き返してしまった。直ちに六そうの私たちのボートが下ろされ、私は科学アカデミー助手ステラーほか九人とともに、銃と弾薬をもって岸へ向かった。しかし彼らのいる島は恐ろしい波に洗われており、しかも全線にわたって尖った岩が露出していて、ボートを破砕される危険なしに上陸することはできなかった。私は岸から約二十サージェンのところに錨を投げさせ、少しずつ岩を縫って岸へ引き寄せ、岸から三サージェンまで近づいた。……彼らには弓矢も、他の地域の住民がふつう身につけている他のどんな射撃用武器も見られなかった。たったひとり、いっぷう変わった形のナイフを腰にたばさんでいる人を見かけた。先端が広くてかなりぶ厚く、長さは約八インチであった。彼らの上衣または外套は、クジラの腸を縦に長くさいて一緒に縫い合わしたものであった。ズボンはアザラシの皮、帽子はトドの皮でつくられていた。帽子は見たところ大部分タカのものと思われるさまざまな羽根でまるく飾られていた。彼らの鼻にはなにか不明の辛い草がつめこまれていたが、その草を抜きとると多くの液体が鼻から流れ出た。彼らはそれを舌でなめていた。彼らは顔を赤く、一部の者は青く塗っていた。容貌はヨーロッパ人と同じようにさまざまであるが、カルムィク族と同じように、全部が全部扁平ではなかった。背はかなり高く、がっちりした体格をしている。彼らの食糧は、恐らくは、さまざまな海獣とクジラの脂肪からなっている。というのは、彼らはその大きな切片を私によこしたからである。彼らはまた野生のいろいろの草や根を食べる。私の面前でそれを土から掘り出し、砂をはらって、生のままで食べた。私が思うに、彼らはカムチャダル族と同じように植物をよく見分けている。カムチャダル族もまた多くの草の根を食糧にしているが、カムチャツカには有毒な植物が多数あるにもかかわらず、そうした毒草には決してさわらないのである〔私はここで、第二次世界大戦後のシベリアで、仲間の日本人が毒草を食って死亡したことを思い出す〕。」ステラーはこのとき、アレウト族の皮舟、衣服、外貌などを精細に観察し、それをすべて正確に書き残した。

九月二十五日から異常な大暴風がはじまった。ステラーの日記によると、それは彼が今まで経験したことも想像したこともないものすごいものであった。

このはげしい台風の後、乗組員は精神的にも肉体的にもひどく衰弱した。ワクセルの日記によると、病人の数は十月十三日で二十一人、十月十四日二十四人、十月十六日二十八人、十月十八日三十二人と増え、十一月五日一無人島(彼らははじめカムチャツカと思った)に着いたときには四十九人に達した。ここで、船をそのままペトロパヴロフスクへ進めるべきか、少し上陸して休息するかでもめたが、結局後者の意見に落着いた。ベーリングは前者であった。着岸の際、船は非常な危険に直面した。しかしかつて中尉であったが、海軍省の命令で水兵に降等させられたオフツィンが抜群の働きをしたおかげで助かった。ベーリングはこのオフツィンを船内で士官なみに遇していた。これなども他の人のなかなか真似のできない「民主的」資質として注目される。またシュマギン諸島でワクセルらがアレウト族を数人生捕りにしてつれていこうと提案したが、ベーリングは文書による命令で断固として禁止したことも忘れてはならないことであろう。

島は空色のキツネと海牛の天国であった。これらの動物は人間を全く恐れなかった。樹木は一本もなかった。病人でない者も衰弱のため足がふらついている状態であったので、多くの病人を船から下ろす作業は容易なことではなく、十一月二十二日までかかった。その間穴を掘って、その上から帆をかけて寒さをしのいだ。その一週間後の十一月二十八日、聖ピョートル号は強風のために岸にたたきつけられ、航海に役立たないまでに破砕されてしまった。当時の悲惨な状況についてワクセルは書いている。

「そのうちにも隊員たちはつぎつぎに死んでいった。情勢は悲惨をきわめ、死者はかなり長い間生者の中に放置されたままであった。というのは、彼らを地下小屋から運び出す力は誰にもなかったし、死者から離れる力も持ちあわせていなかったからである。こうしてわれわれはかわるがわる小さな焚火のまわりに横たわった。この当時のわれわれを誰か見知らぬ者が見れば、生者と死者を区別することができなかったことであろう。

当時中尉で、後に海軍少将になった私の友人故ソフロン・ヒトロヴォは私と同じ地下小屋に入っていた。ところが彼と私の間にいた主計部員イワン・ラグノフが息をひきとったけれども、かなり長い間そのまま放置され、やっとのことで運び出して葬ることができた。まだ足で立てる少数の人々のうち、必要の人々がいつも身近にいるとは限らなかった。また彼らに、私のそばにいるように命じることもできなかった。彼らは壊血病からたちなおるためにできるだけ外気にあたって体を動かし、力の許す限り歩こうとしたからである。彼らのなかには、ラッコを捕えてきて、その肉を自分も食べ、自分の力で歩いたり、立ったりできない者のために分けあたえるものも稀ではなかった。

隊長ベーリングは十二月八日に死亡した。彼の遺骸は板にしばりつけられ、土に埋められた。他の死亡者はすべて板なしで葬られた。隊長ベーリングの最後の悲惨な状況については記述するにしのびない。彼の体の半分は、その生涯の最後の日にすでに半分埋められていた。言うまでもなく、こうした状態における彼を援助する方法はあったが、土中に深くかくされた体の部分は暖かいが、表面に出ている部分はひどく冷たいと言って、助けを望まなかった。彼は、ひとりだけ別に小さな砂の穴――地下小屋に横たわっていた。その穴の壁からは絶えず砂が少しずつくずれ落ち、穴を半分ほども埋めていた。彼は穴の中央にねていたので、体の半分が砂に埋まることになったのである。」死亡時刻は日の出の二時間前であった。

こうしてベーリングは六十歳の生涯を閉じた。六十歳と言えば、年齢的に見ても人生の坂をいちおう登りつめた時点と考えられる。かつてソ連の作家ショロホフが日本を訪れ、レセプションの日に六十歳の誕生日を迎えたことがある。そのとき人々の質問に答えて、六十歳の人間の心境は、六十歳になってみなければわからないと彼は答えた。むかしスキタイ人は六十歳を人生の極限と考え、それ以後は余生として、元気なうちに同族によって羊肉と一緒に煮て食われることを光栄と考えていた。勿論、はるか昔の六十歳と今とではちがう。しかし人生の大きな節であることは疑いない。壁から砂がぱらぱらとくずれ落ち、屋根代わりの帆布がぱたぱたと風に鳴る無人島の穴の中で、体を半分砂に埋めて六十歳の人生を終えつつあったベーリングの胸中ははたしてどのようなものであっただろうか。翌年の一月八日までに、聖ピョートル号の乗組員七十七名のうち三十一名が死亡した。

ベーリングの墓は正確には不明である。後にロシア領アメリカ会社によって、彼の墓と推定される場所に木の十字架が立てられ、一九四四年コンクリートの基台と金属製の十字架に代えられた。

ステラーはベーリングについて書いている。「公正な人なら誰でも、彼が自分に課せられた任務を全能力をつくして遂行しようとしたことを認めるであろう。彼はしばしば、自分の力がこの困難な探検にとってもはや不十分であることを認めてはいたけれども――。この探検は彼が予想したよりもはるかに広範に展開し、彼は自分の年齢を考えて、その任務をとりあげて、誰か若くてエネルギッシュなロシア人に代えて欲しいと思っていた。」またベーリングの決断や行動は迅速とは言えなかったが、いつも冷静で慎重であったことを指摘し、「彼は自分の将校たちを非常に評価し、彼らの能力と経験を過信する傾きがあった」と書いている。能力もあったが、それに劣らず自信も強かったステラーの評価として興味深いものがある。部下を信頼し足りないよりは、信頼しすぎる方が私は望ましいと考える。

ベーリングの死後、聖ピョートル号の指揮は先任士官スヴェン・ワクセルに委ねられた。ワクセルはロシア海軍に勤務したスエーデン人で、一七三三年ベーリングの第二次カムチャツカ探検に志願によって参加した人である。階級は中尉であったが、ベーリングの死ぬ前から人物をかわれて事実上船長の職務を代行していた。聖ピョートル号がベーリング島で難破したにもかかわらず、かなりの乗組員が一七四二年八月二十七日カムチャツカに生還できたのは、ワクセルのすぐれた指揮に負うところが多いとされている。ワクセルがベーリング探検隊の生き残りとともにペテルブルグに帰ったのは一七四九年一月のことであった。それはベーリング、チリコフ、ステラーらの死後であり、したがって第二次カムチャツカ探検の最後を見届けた先任士官はワクセルひとりであったのである。その後彼はいくつかの艦長を歴任し、一七六二年二月十四日死亡した。

さて、こわれた聖ピョートル号の材料を利用して新しい船がつくられ、一七四二年八月十日進水し、同じ聖ピョートル号と名づけられた。乗組員たちがそれぞれみやげ品として海獣の毛皮を一定数ずつ積みこんだので、ステラーは海獣の剝製や骨格を積むことができなかった。八月十三日無人島をベーリング島と名づけてこれを離れ、途中水漏れのために胆を冷やしながら、ともかく八月二十七日ペトロパヴロフスク港へ帰還した。チリコフの指揮する聖パヴェル号もアメリカ西海岸の島に達し、一七四一年十月十二日いったんカムチャツカに帰還したが、翌年夏再びアメリカ海岸へ向けて出航した。しかしアッツ島を過ぎたところで暴風にあい、聖ピョートル号より約二カ月前の一七四二年七月一日帰還した。

ベーリングの第二次カムチャツカ探検の正式な終結は一七四三年九月二十六日の元老院命令であった。この探検に要した費用は、ベーリング自身の当初の計画では一万―一万二千ルーブルであったが、ベルグによると一七四二年末までになんと三六万ルーブルの巨額に達した。この探検の成果について、当時すでに否定的な見解をのべる人も多く、ベーリングとその仲間は一五〇万ルーブルの無駄金を使い、シベリアの民衆を苦しめたと断じた人もあった。しかし時代がたつにつれて、この探検の輝かしい意義はますます再評価されつつある。コロンブスやマゼラン、あるいはクックらのことはよく知られているが、ベーリングとその仲間たちのことはわりあい知られていない。これは不当と言うべきであろう。

前野良沢の『東察加志』

『東察加志《カムサツカ》』(一七九〇年、寛政二記)は写本ではあるが、年代的に見て日本ではじめてベーリング探検隊の成果を紹介したものとして重要である。また日本に近い地域の事情が地球を一周してヨーロッパ経由で日本に入ってくることの一例でもある。この文章には、その原典がクラシェニンニコフの『カムチャツカ誌』であることが明記されており、カムチャツカの「征服者」アトラソフやベーリング、ステラーの名もあげられている。

岩崎克己氏はその名著『前野蘭化』において、本書と内容を同じくする『東砂葛記』との関係についてつぎのように書いている。それによると、本書は良沢が「寛政元年中に抄訳し「東砂葛記」と題して草稿の儘筐底に保存して置いたものを、公命に接して大急ぎで改訂して成った」とみるのが妥当である。

本書の原典は岩崎克己氏も鮎沢信太郎氏もともにヨハン・ヒュブネルの『ゼオガラヒ』にほぼまちがいないと推測しておられる。なお桂川国瑞も同じ原典に基づいて『魯西亜志』を翻訳している。

前野良沢は杉田玄白、大槻玄沢とならんで日本における蘭学の創始者である。沼田次郎教授によると、名を熹《よみす》といい、字《あざな》は子悦、楽山または蘭化と号した。豊前中津藩奥平昌鹿の藩医で江戸詰であった。晩年の青木昆陽についてオランダ語を学び、やがて江戸参府のオランダ人を訪ねて吉雄耕牛ら通詞と接触した。一七七〇年(明和七)長崎に遊学、吉雄、楢林らの通詞からオランダ語を学び、七百余語の単語と字体・文法のあらましを習得し、蘭書を購入して帰った。有名な『解体新書』の原本である『ターヘル・アナトミア』もこの中に含まれていた。良沢は『解体新書』の翻訳において、語学力の点で中心的な役割を果したことはよく知られている。

なお、いくらか脇道にそれるが、前野良沢は『東察加志』の末尾においてロシア・シベリア事情に関する十四の疑問を掲げ、蘭学の研究についてつぎのようにのべているのは感銘深い。

「熹四十八よりこれを学んで今歳犬馬の齢六十九、其間独学固陋困求苦心すること凡そ二十年にして尚止むことを得ず。是但だ徒らに奇字を好むのみに非ず。寸志なきにあらず。然れども晩学鈍才にして識者の為に大いに恥づる所なり。亦且つ自辱自憐、書に臨んで頑態を発するなり。」

いずれにしても、今から二百年近くも前に、カムチャツカ方面についてこれほど正確な知識が日本に伝えられたのは驚くべきことである。しかもロシア人が誇りとしているクラシェニンニコフの『カムチャツカ誌』の内容が、間接的ではあっても、十八世紀末日本に紹介されたことについて、日本では忘れられ、ソ連では全く知られていない。そこで私は、『カムチャツカ誌』のロシア語原本と対比しながら本書の全文を紹介しようと思う。なお固有名詞のロシア語表記その他私の注を〔　〕で示し、読者の便を考えて片仮名を平仮名になおした。

ヨーロッパ大洲の中、ロシアと云ふ大国の領する所、東方アジア大洲に及ぶ。即ち蝦夷の北東の諸国、シベリイの東辺にイルクツキ〔イルクーツク〕の属州なるカムサッカと云ふ国あり。西邦の紀元一千七百六十四年に、ロシアの主ヱリサベットと云ふ女帝代にカラスヘニニコヒ〔クラシェニンニコフ〕と云ふ人の撰する書に出たり。又ステッレル〔ステラー〕と云ふ人、其書に依つて此の地及此辺の諸島までを巡検して是を修録す。即ち此の国の漸々開けたる由、又アメリカ大洲の堺まで見分したる者なり。

此の国をカムサッカと云ふ。国中に北流して赤道以北五十六度三十分にて東海〔ヴォストチノエ・モーレ、太平洋のこと〕に入る大河あり。其名をカムサッカといふ。是に因つて国の名としたるなるべし。日本人は此の国を奥蝦夷と呼ぶなり。此の国の北方シベリイに接する処、五十九度三十分、其堺はピュスタヤ〔プスタヤ〕川とてペンスキンスカの港〔ペンジンスコエ・モーレ、オホーツク海のこと〕に落つる処、東はアナホ〔アナプコヤ〕川、カムサッカ海に落つる処なり。

　此の地狭くして中に山あり。此の山より晴天には東西に海を視るなり。予図を以て考ふるに、此処日本道六十里許りあり。此の国南北二百四十余里。（日本里法に訳す。以下皆然り。）其南端は五十一度三十分に当る。此をクリルスカヤ・ロパトカと名づく。ロシアの新都ペテルスブルグより百二十七度に当るなり。此の国川多し。其内カムサッカ、ボルスカレカ〔ボリシャヤ・レカ〕、テギル〔チギル〕尤も大河なり。山は国中一道に連接するが如し。山中荒蕪にして石多し。三の火山あり。火を発する事古来止む事なく、常に煙立ちのぼり、或は時として焔を発し灰を降らすなり。其一火山にはアワシンスケイ〔アワチンスカヤ〕と云ふ。アワツカ〔アワチャ〕川の辺にあり。其二にはトルバシンスケイ〔トルバチンスカヤ〕と云ふ。カムサッカ川とトルバシンキ〔トルバチク〕川との間にあり。其三にはカムサッカ山なり。是国中第一の高山なり。晴天のときはオッペルホルト・カムサッカ〔ヴェルフネイ・カムチャツコイ〕と六十里の遠きより見ゆるなり。山脚凡そ三百ウルステン〔ヴェルスタ、露里、

図11　カムチャダル族の発火法．クラシェニンニコフの『カムチャツカ誌』より

一露里は五〇〇サージェン、一〇六七メートル〕の周りあり。（ウルステンとはロシアの里法なり。一百零五ウルステンを以て一度とす。然るに一書には七十五ウルステンを一度とするとあり。又一百五十里を一度とするともあり。諸国に是を試るに、或は相当り、或は不当。故に皆疑しき事あるを以て、直に彼の言を記して、漫に是を訳さざるなり。）一年に二三次も灰を降らすなり。甚しきときは三百ウルステンの周囲の地に二尺余の厚さを成すなり。（日本尺法訳す。）一千七百三十七年の九月発焔の事あり。其のときは焼石又諸色の硝石の片塊を多くふらしたるなり。

　温泉多くあり。其内にシケマテ〔シェメチャ〕川の辺にあるものは、山脚の海に傍所の洞より出て温き流れを為すなり。其長さ三ウルステン八十ハデメン〔八八サージェン、一サージェンは二・一三メートル、約七尺〕を流れて海に入るなり。処に依りて深さ四尺に余り、川口は潤さ三ハデメンなり。其の水常に夏の熱さなり。（ハデメンは大凡七尺許あるなり。此邦の一間をも、和蘭人はハデメンと云よしなれども、数十に至ては大異あらんなれば、彼言のまゝを記す。）此処より一半ウルステンを去りて又温泉あり。其内に二つの熱泉あり。一つは五ハデメン、一つは三ハデメンの直径あり。其涌き出づる沸声甚だ囂し。若し人大いに号れば忽ち相応じて蒸気沸き上りて霧のふかきが如し。七ハデメン相隔てて立つ者は互に相見る可からずとなり。其沸きかへるときに水面に黒き沫浮く。若し指などに粘すれば洗ひても去り難し。（我邦の臭水油ならん。則越後黒川村・新通村二処にあり。）此の国、地震・洪波毎々あり。地震は火山の辺殊に甚し。此の国、冬久しくして八ヶ月の間なり。南方の地にては雪ふるに或は一丈二尺余も積るなり。然れども北によるほど雪ふる事少なし。夏は短かし。故に穀類少なく、或は無し。但しネデルホルト・カムサッカ〔ニジネ・カムチャツコイ〕而已は毎年種々の田園を作りて相応に穀を収むるなり。雷電は甚だ少なし。且つ遠くして声微なり。風雨は多くして烈し。

此の国の人をカムサッカデルス〔カムチャダル〕と云ふ。数百年前モンガレン（蒙古）より人衆を置きたり。彼の国アルムと云ふ人渡来して、処々に住居を構へて散在して、其子孫

図12　カムチャダル族の半地下小屋の内部．クラシェニンニコフの『カムチャツカ誌』より

多く此の国の土人となりたり。其形相、短身・灰色・黒髪・平面・尖鼻・深眼・淡眉にて小腹満ちて手脚は痩せたり。其海浜に住める人は身稍と長くして肩濶きなり。其衣は諸獣皮を以て相接続して是を用ゆ。

其食は甚だ汚穢なり。彼の俗多く犬を飼ふ。飲食毎にこれと共にして一器に盛りてこれを食ふ。更にこれを清く調ふる事なし。

其住居は地を穿ち穴をなす事四五尺、其上に四柱を立て、一重の床ありて、斜めに陛をなして穴より上り出づ。上に屋壁を設く。床に四角に穴をあけて煙出とす。窓及び戸口を堅固にす。其業は多く漁及び猟なり。其家器・皿・鉢等、皆ベルケンホウト〔シラカバ？〕を火打石、或は鯨、及び其余の骨を以て是を穿ち凹めて作りなしたる者なり。時々ロシアの人、此に来るに供ふるに、銅鉄等の器を用ゐるものを見ずとなり。常に犬を多く養ひて牛馬の如く使ふ。雪中氷上、舟にて行くにこれをして曳かしむるなり。

妻を具する事二人或は三人、而も数〻これを更め変ふるなり。若し孖《ふたご》を産する時は、必らず一人はこれを殺すなり。

神に事ふる事甚だ惇からず。只獣を殺してこれを供する而已にして、其余の祭祀等をなす事なし。又邪神を常に怖るるなり。諸〻の約をなすに種々の事を以て盟を立つる。且つ死後其魂更に苦楽を受くる事を深く信ずる也。人死するときは其家より外へ曳き出して、犬をして食はしむるなり。

昔時此の国の人、常に徒らに処る事を甚だ幸とし、事業を力むる事を念はず。故に荒蕪の地に居る事を安んじたりき。然るに一千七百四十一年にロシアの女帝ヱリサベットより彼の国の教法を送りてより、悉くこれに帰依して諸〻の礼法をも知る事となりたり。

此の国の内にクリレルス〔クリルツィ、クリル族〕と号する人衆あり。即ち南の出崎及び諸島に住する者を云ふ。大抵カムサッカに似たりといへども、此の地の人は終身毛多くあり。男は其唇の止中に黥し、女は唇を全く黒く黥するなり。男女共に銀鐶を耳に懸くる。臂肘に黥して草花の紋をなす。衣服・家屋カムサッカに似たり。然れども行状はカムサッカの如く汚穢なることなし。食は魚よりも海獣を多く用ゆ。妻を具する事多し。且つ其姦を

図13 カムチャダル族の犬橇．クラシェニンニコフの『カムチャツカ誌』より

懲しむる事甚だ厳なり。神に事ふることイゴオル〔イングル〕と云ふ。神像を木版にて造り、これを貴む。これに供したる獣、又別の獣の皮をも其神像に懸るなり。人死するときは冬は雪中に埋め、夏は地に埋め、其残刻なる事カムサッカと相等し。此の国の人、カムサッカデルスよりは前時より少しく礼を知り、人和も有りて相親む事をも為し、又稍と厳格なる事をもあるなり。

百年前ロシアのテオドット〔フェドト・アレクセエフ〕と云ふ人、カムサッカに漂着して其近辺をも少々巡検したる事あり。其より後は誰ありてこれをロシアに通ずる者なかりしに、コサッケンの人アトラソフと云ふ者、要処を見たること多し。乃ち一千六百九十八年、彼が一党の人と共にコサッケンより出てユカゲリコレケルス

〔ユカギル・コリヤク〕に至り、ヤクツクの辺の諸人を服従せしめて、一千七百年の七月に還る。即ち其貢物はサベルス〔テン〕の皮三千二百枚〔原文には四十枚を一着分として八十着分とある〕・ベヘルス〔ラッコ〕の皮一十七枚・オッテル〔ウミウソ〕の皮四枚・狐の灰色なる皮一十枚・〔狐の〕赤皮なる皮九十一枚〔原文では一九二〕、又サベルスの皮四百四十枚〔十一着分〕自己の得る所とす。

一千七百一十五年コスムスソコロフ〔クジマ・ソコロフ〕なる人、オコツコイ〔オホツコイ〕海よりカムサッカに至る。其時にはカムサッカの周辺の諸島、悉くロシアに属従せしむるなり。一千七百三十一年カムサッカの人聚まり起つてロシアに背く。然れども程なく鎮まりて悉く和従して、其後は毎年サベル・ベヘル・狐等の皮を国中人別に一枚充を貢する事となりたり。

此の国官府五箇処あり。其一はボルスケレツコイ〔ボリシェレツコイ〕、是はボルスカヤレカ〔ボリシャヤ・レカ〕と云ふ大河の辺、カムサッカの南にペンシンスカの海辺より三十三ウルステンに在り。方七十ハデメンに柵を構へ、家三十軒、又外にセネヘルの生垣を構へたるロシアのニコラアス・ケルクを建つ。（寺観の類なり。）此処、余の官府よりも営作は疎なれども甚だ利潤ある処なり。其故は他国の旅客・商估集まるを以てなり。是オコツコイよりの船路よき故に諸人先づ此処に来るなり。この故にロシアの官長も此処を常居とするなり。其二、オッペルホルト・カムサッカ、是往古より酋長の居処なり。カムサッカ河の東側にあり。ボルスケレツコイより六十九ウルステンを初めとし、二百四十二ウルステン北へ流る。此の官所は金銀を納むる処なり。倉庫二箇所あり。ニコラアス・ケルク一箇処、二十二軒、五十六のコサッケンの住居〔人〕あり。其三、ネデルホルト・カムサッカ、同河の辺にて其川口より三十ウルステン、オッペルホルトより三百九十七ウルステンに在り。其四、ボル方四十ハデメンに柵を構へたり。大家三十九軒、サンタマリア・ケルクあり。其四、ボルトアワツカ、南の方ボルスケレツコイの東、アワツカの湊に在り。即ちアワツカ川の海へ落る処なり。一千七百四十年に是を建つ。此処の海辺にペトロパウルスカヤと云ふ大港あり。其五、ボルトテギル〔チギル〕、右のボルトより少し後に建ちたり。即ちカムサッカの北方テギル川の辺なり。

諸島四つに分つ。一はクリルの諸島、カムサッカの南の出崎より南西の方、日本の方まで続きてあり。大凡二十五已上あり。其余は詳かにしがたし。カムサッカに近きは皆ロシアに属す。遠きは別に属する処あるべし。此の諸島、時々地震あり。又高火を発する事もあり。土人クリルの人と互に交易をなす。又日本人も是に交はる者あり。日本に近き島に毒艸を生ず。其北方の諸島、此の根を以て箭に塗るなり。一千六百四十三年に紅毛の船漂流してカムサッカの南、日本に至るまでの諸島を悉く見巡りたる時、ウルペ、エトロフ、クナシリの三島あり。是はロシアへも、日本へも属せず。其人はクリレスより来り住む者なり。鯨油・乾魚・獣皮等を産す。日本人、松前島の人と同じく来り、砂糖・米・絹布・鉄器等を以て是に代ふるなり。エトロフ、ウルペの両島はからむしの類の布を織りて、日本の絹・木綿・鉄器等と交易するなり。松前島は最大島なり、南北凡そ六百里あり。日本と一線の海の隔てあり。既に日本に従へり。日本人是を蝦夷と名づく。

二にはベリングス〔ベーリング〕島、これは東洋にありて即ちカムサッカ川の海へ入る処の東に当って、六十里の沖に在り。其の長さ一百六十五ウルステン、横は二十ウルステン、狭き処は六又三ウルステン。島中一条の山あり。石多し。地震甚だ多し。其高山に登りみるに、小島五六あり。又其北隅より晴天の時に眺望すれば一百又は一百四十ウルステン隔りて高山あり。常に雪あり。是はアメリカ大洲の地の山なり。三にはヂオメデス〔ディオミダ〕島、是れ赤道已北六十七度にあり。シベリイの北東に当るなり。四にはサンクト・ラウレンス島、以上の島より尚北隅に出るなり。

ツクコツコイ〔チュコートツコイ〕又シケラギンスコイ・ノツス〔シュラギンコイ・ノース〕とも名づく。図中にはツカラツキ〔シェラツキー〕とあり。ベリングと云ふカピタン、一千七百二十八年此処に来るに住人あるを見ず。此のカピタン赤道已北六十度の辺の諸島、及びアメリカの地をも見分す。一千七百六十三年ロシアの人、コウイナ〔コリマ〕川より大北氷海に至りてツクコツコイの出崎、赤道以北七十四度に至る。それより南へ乗りて、海崎を経てアメリカ大洲とシベリイ・カムサッカとの分界を見分す。乃ち已北六十四度の諸島に至り、其島々へ上り、住人と獣皮を交易し、ベリングス島及び此の島の住人とも以後交易の事を相約す。此の島、アルクツト〔アレウト〕と名づく。諸人、此の島はアメリカに属すと云へり。此の辺アメリカ大洲に甚だ近し。シベリイの東辺の限りなり。アメリカと相隔つる海峡、凡そ六十あるなり。

寛政辛亥春正月　　前野良沢憙

以上の文章は『カムチャツカ誌』の見事な要約である。カムチャダル族のモンゴル起源説はクラシェニンニコフとステラーの見解である。カムチャダル族が犬と同じ食器を使用していること（本書一〇七ページ）について『カムチャツカ誌』ではつぎのように書かれている。「生活は不潔で、顔や手を洗わず、爪を切らず、犬に食わせる食器と同じ食器で食べ、しかも決してそれを洗わない。」この記述は前野良沢の訳文と全く同じで、文語体と口語体の相違にすぎない。「常に徒らに処《あ》る事を甚だ幸とし、事業を力むる事を念はず」（本書一〇八ページ）の個所はつぎの通りである。「カムチャダル族は神、悪徳、善行について正しくない観念を抱いている。つまり大食と無為および性の営みをたいへんな幸福と考え、歌、踊り、好色物語などで欲情を刺戟している。憂愁と不安を主要な不幸と考え、なんとかしてこの不幸からのがれようとし、ときには生命さえも惜しまない。彼らの考えによれば、思うように生きられなければ、死んだ方がましだというのである。」

「妻を具する事二人或は三人」の個所はつぎの通り。「カムチャダル族はいかなる儀式もなしに妻と離別している。というのは、離婚とはつまり妻と眠らないことにつきるからである。この場合夫は再婚し、妻はなんの制約もなしに他に嫁ぐのである。彼らは妻を二人、ときには三人もち、同じユルタ〔住居〕またはいくつかのユルタに住んでいる。」

死者を犬に食わせる風習について。「カムチャダル族は死者の首に縄を巻きつけ、ユルタからひきずり出し、その場で犬の食うのにまかせる。彼らの考えによれば、犬に食われた死者はあの世においてすばらしい犬と犬橇をあたえられるのである。」

クリル族について。「クリル族はカムチャダル族と同じようなユルタに住んでいる。しかし後者よりもいくらか清潔で、壁や棚をむしろで飾っている。海獣を主な食糧とし、魚は少ししか獲らない。」

以上、ほんの数例をあげただけであるが、これだけでも前野良沢の訳文がいかに正確であるかをよく示している。

4　大黒屋光太夫の恩人ラクスマン

エリク(キリル)・ラクスマンは日本人にとってとくに忘れてはならない人物である。十八世紀末、イルクーツクでラクスマンの助力を得た大黒屋光太夫は、桂川甫周との共著になる『北槎聞略』の中でつぎのようにのべている。

「又ある日キリロ・グスタウウィチ・ラックスマンといへる人のもとに伴ひ行、これまで経歴せし艱苦の事などつぶさに物語《ものがたり》、此するゑ管顧《めをかけ》給はるべきなど細〳〵と頼《たのみ》をきける。此キリロといへるは、今度漂人等を護送し松前まで来りしアダムが親にて、官はポとコルニカなり、又ウチテリと称して学校の都講《とこう》たり。十七国の言語文字に通じ、兼て多識《ほんぞう》の学に委《くは》しく、もつとも博覧強記にして、しかも温厚篤実の人成よし。隔世《さきのよ》の因縁ありけるにや、光太夫を一《ひと》かたならず深切に撫育し、子弟のごとくに憐みて、此地の国司イワン・エレヘレウィ・ピイリといふヱネラルポロチカ〔大将〕の官人まで帰国の願状《ねがひがき》を出さしむ。」

光太夫ら一行が故国日本に帰還できたのは、ひとえにラクスマンの尽力のおかげであったと言っても過言ではない。光太夫に「隔世《さきのよ》の因縁ありけるにや」とまで言わしめた大恩人である。

昭和時代になって名著『北槎聞略』をはじめて世に出した亀井高孝先生は、ラクスマンが光太夫らにとって「時の氏神の役」を果し、その「寛厚な人間性に深く打たれる」と書いておられる。

ラクスマンの生い立ち

エリク(キリル)・グスタヴォヴィチ・ラクスマンは一七三七年七月二十七日、フィンランドのネイシュロト市に生まれた。大黒屋光太夫が「エリク」ではなくて「キリル」とよんでいるのは、ラクスマン自身がロシアで、スカンジナビア的な名前であるエリクの代わりに、ギリシア・ロシア的な名前であるキリルと名のっていたからである。当時ネイシュロトはスエーデン領に入っていたが、ラクスマンの生後五年にしてロシアに合併された。学界には、ラクスマンがフィンランド人かスエーデン人であるかをめぐって議論がある。しかし本人は自分がロシアに最も密接に結びついていると考えていた。彼は一七八四年十二月二十一日付のロシア科学アカデミー学術書記J・オイラー(スイスの有名な数学者レオンハルト・オイラーの息子)にあてた手紙の中で「私はロシアの県内に生まれ、学生時代にもロシア国民として、パスポートを受けとるたびにロシアへ帰国する誓約を義務づけられました。……したがって以後私は、いずれにしても、自分が六等文官パラス氏や七等文官プロタソフ氏ら私の友人たちと同じ系列〔つまりロシア科学アカデミー〕に所属されることを希望します……」と言っている。

ラクスマンの父は小商人で、家族が多く、生活は貧しかった。ことに一七五六年に父が水死してから後は、貧窮のどん底に落ちた。エリク・ラクスマンは少年時代から学問を好み、はじめスエーデン領内にあったランタサルミというところで初等教育をうけ、一七五五年からボルゴ市の中学校《ギムナジウム》で学んだ。この学校は、宗教的色彩は濃厚であったが、見事な博物学の標本をそなえ、自然科学を重視していた。ラクスマンは当時とくに植物と鉱物に興味を示し、その標本を集めていた。中学時代の同級生の思い出によると、貧乏のために自分の勉強机もなく、友人たちの部屋を転々としていたという。

中学校を卒業した一七五七年、彼はアボ市(同じくスエーデン領地域)の大学に入り、ウィボルグ分校の聴講生となった。彼は生活に行きづまったため、受講したのは結局数週間にすぎなかった。しかし彼はここで、自分の生涯の方向を決定したとも言える数人の先生たちを知ることができた。そのひとりは有名な学者リンネの弟子でウクライナとアメリカ大陸へ植物調査旅行を行なったカルムであり、もうひとりは化学者・生産技術家として知られたP・ハッドであった。ハッドは硝石工場の監督官でもあった。彼らはともに、シベリアとアメリカの植物をフィンランドで栽培することに重大な関心をよせていた。

ラクスマンは大学を去って、生活のために聖職者の資格を得ようと思い立ち、一七六二年までフィンランド東部のある村の副牧師の職にありついた。この資格はボルゴの中学校卒業によるものであった。この五年間、ラクスマンは独学によってとくに自然科学を中心に知識を広め、また深めた。十九世紀にラクスマンのすばらしい伝記を書いたラグスによれば、彼の生活は貧しく「給料は年間わずか二十四ルーブルで、家事労働者よりも一ルーブル少なかった」。

知識欲にあふれた青年ラクスマンにとって、田舎の副牧師として埋もれることはできなかった。一七六二年彼はペテルブルグに移り、幸運にも当時ロシアで活躍していた著名なドイツの地理学者アントン・フリードリヒ・ビュシング(一七二四―九三)に知り合うことができた。ラクスマンはビュシングのおかげでドイツ教会付属学校(後にペーテルシューレとして知られた)の博物の先生になることができ、G・ミュラー、P・パラス、J・ファルクなど当時ロシアで活躍していた最高の学者たちの仲間に加えられたのである。その他、同じ学校の教師であった自然科学者J・ベクマン、歴史家A・シュレーツァー(一七三五―一八〇九)らとも知り合い、彼らを通じてペテルブルグのロシア科学アカデミーに近づくことができた。これらの学者たちの多くはドイツ出身であったが、ロシアを第二の故郷と考え、広大で多様なロシアの自然や文化の科学的研究に生涯を献げようとしている人々であった。ラクスマンもこれらの人々にまじって、シベリア探検の機会をうかがい、そのための準備をつづけていた。一方、教師の職もおろそかにしなかったことは、ビュシング校長のつぎのような評価によっても知られる。ラクスマンは「その職務を敬虔に熟達した状態で果し、みんなの尊敬をあつめた。それに誠実、善良、謙遜、率直で、骨身を惜しまず、身近な人々や自分の目的のために献身した」。

おりしも、ラクスマンにとって絶好のチャンスが到来した。ウラルに二十二の鉄と銅の精錬所、アルタイに三つの銅精錬所を所有していた大富豪アキンフィー・デミドフが一七四五年に歿し、四七年アルタイ鉱山(面積四四・三万平方キロ、日本全土よりも広い)が帝室所有として献上された。そして帝室資産庁はこれと同時に、鉱山の開発のために多くの専門家を現地に派遣したが、それにはドイツ人など外国人も含まれていた。そのため西シベリアのバルナウルにルッター派の教区が設置され、最初の牧師であったサクソニア生まれのレイベがある鉱山の技師として転出し、その後任者を必要としていた。ラクスマンはこの情報をつかんで、自分が牧師として赴任すべく奔走しはじめた。そしてビュシングの推せんでこのことが実現したのである。

ここでラクスマンは、自分の一生にとって学者になるための本格的な展望が開けたことを自覚した。ヨーロッパの学問にとってほとんど未知の広大な自然が彼を待っていた。彼はかつてメッサーシュミット、ステラー、グメリンらシベリア研究の先駆者たちの原稿や、ロシア最初の博物館であるクンストカメラのコレクションを研究した。またロシア科学アカデミーに接近するために、彼が長年かかってペテルブルグの郊外で採集した珍しい植物の標本とリストを提出した。これは後(一九六四年)に植物学者D・ホルターの植物図鑑の一部として刊行されたが、中にはラクスマンによって発見された新種もいくつか含まれていた。

一七六四年一月二日、科学アカデミー事務局にあてて、アルタイ地方へ出発する前にアカデミーの通信員または植物学助教授《アデュンクト》の資格をあたえて欲しい旨請願書を提出した。そして同じ月の十九日付でラクスマンは科学アカデミーの通信員に選出された。

シベリアでのラクスマン

一月末、二十七歳のラクスマンは老母と新妻クリスチナ・マルガリタ（ルンネンベルグ生まれ）をともなってシベリアに向かった。彼は途中の観察や印象を細大もらさず日記にしたため、その中の重要なことを清書し、その一部を友人たちに書き送った。これはラクスマンの一生を通じて厳守された方式であった。一七六四年一月三十一日付でモスクワからウプサラのK・リンネ（一七〇七—七八）に書き送った手紙にたいし、同じ年の三月十二日付のリンネの返書はバルナウルで受取った。それにはリンネの庭に百余種のシベリア植物があること、ラクスマンにたいしても植物の種子を送ってほしい旨が書かれてあった。昆虫についても同じであった。「私はほとんど世界中からの昆虫を持っています。最近私は喜望峰からアフリカの昆虫を送ってもらいましたが、どんな学者もシベリアの昆虫について知っておりません。ですからシベリアの植物の種子と昆虫標本をぜひお願いいたします。……シベリアの植物の種子については、美しいものをではなく、むしろ貧相で見ばえのしないものを探して下さい。というのは後者の方が稀であり、細かいために人目につかないのです……。」

一七六四年三月十五日、ラクスマンはバルナウルに着いた。ペテルブルグから四五〇〇キロあまりはなれたこの都市は、創建以来約三十年を経ており、付近一帯の鉱山業の本部と毎年銀四百プード(一プードは一六・三八キロ)、金十一―十五プードを産する精錬所、ガラス工場がおかれていた。民家約一千戸のほかいくつかの教会、病院、薬局があった。ラクスマンの教会の信徒は、一帯に住む約五十人のドイツ人であったが、これが広大な地域に分散しており、いちばん遠いのは往復一五三五キロに達した。ラクスマンは五年間にわたる在任中に、ほとんどひとりで広大な人跡未踏の山野を調査旅行した。一七六四年十一月十七日付ベクマンあての書簡にはつぎのような記述が見える。「私はバルナウルに見事な植物園をつくりました。シベリアの植物を全部集めたいと思っています。それからこの地の動物、鳥類、魚類、草についても研究しています。かなりの数の昆虫も採集しました……。」

このほか彼は気圧計と温度計を使って気候の観測も系統的に行なった。鉱物標本の作成と研究も怠らなかった。一七六六年六月二日付でスエーデンの医者P・ベルギウス(一七三〇―九〇)にあてた手紙には、彼がイルクート川の源流で発見した本物の大黄の種子を送ったことが報ぜられている。大黄は当時ヨーロッパでは生育しないと考えられ、中国からヨーロッパ諸国に薬として輸出されていた。

ラクスマンは東部シベリアの各地へも妻とともに調査旅行をつづけた。一七六七年十二月二十六日付でバルナウルから有名な歴史家A・シュレーツァーにあてた手紙にはつぎのように書かれている。「私は今のところ元気です。二人の息子も健康です。しかし妻をキャフタで失いました。彼女はセレンギンスクに葬られました……。」

最愛の妻と死別した傷心のラクスマンは一七六六年十月バイカル湖岸に達し、湖岸付近にある温泉をはじめて科学的に調査した。ある温泉の水温はプラス六〇度に達した。こうした調査はすべて自己負担、つまり牧師としての給料(年間百ルーブル)からまかなわれた。

ラクスマンはロシアだけでなく、ヨーロッパの多くの学者たちと文通し、シベリア学者としての声価はしだいに定まっていった。しかし一方では、彼の研究は嘲笑の対象となった。昆虫学者の行動を諷刺したラーベナーの作品もロシア語に訳されて広く読まれていた。また、牧師の仕事を怠けているとの批判もあがっていた。

ラクスマンは自分が集めた資料をペテルブルグで整理研究して発表しようと思い、牧師の任期(五年)を更新せず、むしろ任期満了前の一七六八年十二月一日バルナウルを離れた。これ以後、ラクスマンの生涯における第二期、つまりペテルブルグの科学アカデミーにおける研究(一七六九―一八一年)がはじまる。

ペテルブルグ科学アカデミーでのラクスマン

モスクワに着いたのは一七六九年の初めであったが、ここのルッター派教会で彼の三子アントン・エリクに洗礼を授けた。これは再婚の相手、エカチェリーナ・イワノヴナ・ルートとの間に生まれた子どもである。大黒屋光太夫は「キリロの妻をカテリナイワノウナといふ。是もネメツ〔ドイツ〕の人なり」と書いている。モスクワで彼はファルク、ミュラー、レペヒン、ギルデンシュテットなど多くの親しい学者たちと会って意見を交換し、惜しみなく自分のコレクションや知識を分けあたえた。

一七六五年、十八―十九世紀を通じてロシアの経済的発展に重要な役割を果した自由経済協会が創立された。この協会は、ロシア農業の改善と資源の開発を目的としたもので、女帝エカチェリーナの寵臣G・オルロフ伯を総裁とし、ヴォロンツォフ、ストロガノフ、オルスフィエフなど当時の大富豪のほか、数人の学者も名をつらねていた。ラクスマンも自由経済協会の一七六八年の論集に「流砂の固定法について」と題する論文を発表していた。そして彼はオルスフィエフの引立てもあって、六九年三月総数二十八人であった協会正会員のひとりに選出された。そしてこの年の協会論集に「シベリア・ステップにおける植樹(種子による)について」、及び「オロネツ県における小麦の栽培について」という二つの論文を発表し、オロネツ県と南カレリア地方へ旅行した。またこの年、ロシア科学アカデミー会員の歴史学者シュレーツァーの編になる『エリク・ラクスマンのシベリア書簡集』と題する書物がゲッチンゲンで印刷され、ペテルブルグの書店に現われた。これにはラクスマンがシベリアから彼に書き送った書簡とリンネからの来信が含まれていたが、著者はその出版を予想していなかった。幸いにも読書界から好評で迎えられたからよかったものの、その中にはシベリアの行政当局にたいする批判も含まれており、政府からにらまれて失脚する危険さえあった。『シベリア書簡集』の刊行後一年、一七七〇年十月九日付でストックホルムのベルギウスにあてた手簡の中で「このでたらめな書簡集は私の知らないうちに出版されました。ゲッチンゲンにおける出版病の流行は驚くべきものがあります」と書いている。この頃彼は『シベリアの余暇』と題する著作を準備したが、一部分の組みまで終っていたのに、ついに日の目を見なかった。

ここでラクスマンと同時代の学者で、公私ともに関係の深かったパラス(一七四一―一八一一)とゲオルギ(一七二九―一八〇二)についてのべておこう。

パラスとゲオルギ

十八世紀の七〇年代、南ロシアからシベリアにかけての広大な地域における鉱物、動植物を調査する探検隊が、ロシア科学アカデミーによって編成された。そしてその一班長として、とくにオーソドックスな自然科学の教養を身につけた一流の若手学者が物色され、ドイツ人パラスが選ばれた。このほかスエーデン出身のファルク、ペテルブルグ生まれのレペヒン、リガ生まれのギルデンシュテット、チュビンゲン生まれのサムイル・グメリン(一七四五―七四、ヨハン・グメリンの甥)、シュテッチン生まれのゲオルギらが探検隊に参加することになった。

パラスは大学の医学部教授の息子としてベルリンに生まれ、幼時から英才教育をほどこされ、十三歳のときには大学で医学に関する父親の講義をきいた。その後ハレ大学、ゲッチンゲン大学、ライデン大学などに学び、ロンドンにも遊学した。この間に彼は、自然科学と人文科学とを問わず、学問のあらゆる分野の知識を身につけたが、とくに動物学を得意とした。彼がロシアへ来たのは二十六歳のときであったが、そのときすでに多くのすぐれた論文によって世界の学界にこの人ありと知られていた。ロシア行きを承諾したのは、メッサーシュミットやグメリン、ミュラー、ステラーなど輝かしい先輩の名を聞き、自分の才能を真に生かせるのは広大なロシアの大地であると判断したためであった。

一七六七年七月、パラスはベルリンからリューベック経由でクロンシュタット港に着き、はじめ科学アカデミーの助手、ついで博物学《ナトウアゲシヒテ》教授となった。一七六八年から七四年までつづいたこの探検隊は自然地理的探検または第二次科学アカデミー探検とよばれている。

パラスはウラル以東、とくにシベリア南東部を担当し、東はキャフタ、チタを経てアルグン河岸まで踏査した。この間無数のすぐれた観察を行ない、エニセイ河岸では現地の農民メドベジェフの発見した重さ六七〇キロの鉄の隕石に注目し、これをペテルブルグの科学アカデミーに運び、すぐれた論文を発表した。これは今日でもパラス隕石とよばれている。パラスの三年間にわたる調査結果は『ロシア帝国内各地方の旅行』（全四巻）として一七七一年にすでにドイツ語版第一巻が、ついでロシア語訳がペテルブルグで刊行され、世界的な反響をよび、英語、フランス語にも全訳された。これは本格的学者の探検記の一典型とされている。全体の形式はグメリンの旅行記によく似ているが、旅行日記と学術論文とがミックスされた感じである。

一七九三―九四年には新たにロシア領となったクリミアとウクライナ南部を自費で調査旅行し、すぐれた成果をあげた。パラスは四十三年間ロシアでたゆむことなく研究と調査をつづけ、十八世紀末の約三十年間、彼のタッチしなかったロシアの学問分野はほとんどないと言っても過言ではない。言語学の分野では、エカチェリーナ二世の命によって『全世界言語比較辞典』の編纂が命ぜられ、一七八九年完成した。亀井高孝先生によると、これは「世界諸民族二百余の同意語が比較並列された辞典であり、日本語もその一に加えられている。間もなくこの辞典の改訂が企てられ、一七九〇―一七九一年に三巻が出版され、第四巻が出版準備中であった。ちょうどそのさなかに光太夫が露都に居合わせたのである」。

　大黒屋光太夫はこの辞典に採択されていた日本語二七〇余について検討を依頼された。『北槎聞略』には「この書を光太夫に刪定すべきよしを望まれる故、日々に通ひて六日にして卒業す。書中の語多く南部辺の言葉にて、しかも下賤の語多し」と書かれている。またパラスは、光太夫が帰国のためペテルブルグを出立するときに餞別を贈った。「学士イワン・シモノウィチ・パーウラスより茶五斤、同妻より砂糖一塊、娘より護領《えりまき》一條《すじ》を贈る」と記されている。

　一八一〇年、六十九歳のパラスは死期の近いのを感じたか、ロシア科学アカデミーに無期限の休暇を願い出、故郷のベルリンに帰り、その翌年死んだ。死の直前パラスは、彼の墓標にペテルブルグとベルリンの二つの科学アカデミーの名が刻まれることを希望した。ドイツは彼の

図14　タタール族の風俗．パラスの旅行記より

生まれ育った故国であり、ロシアは彼がほとんど全生涯を献げた第二の故郷であった。

　一八五四年に彼の希望がかなえられ、両国の科学アカデミーの名においてベルリンにパラスの記念碑が建てられた。ロシアの天文学者P・フスとドイツの学者アレクサンドル・フンボルト（一七六九―一八五九）の奔走によって、当時の著名な建築家シンケルと彫刻家ラウフに制作が依頼された。この記念碑は現在も東ベルリンに残っている。

　パラスは、業績と地位と名誉を兼ね備え、天寿を全うして自分の故郷で死ぬことのできた数少ない学者のひとりと言えよう。エリク・ラクスマンとは、どちらかと言えば膚の合わないところがあったようである。ラクスマンはパラスが、ロシア科学アカデミーに入ってくる一切の資料、情報を一度自分でチェックしなければ他にまわさないようなシステム、つまり独占体制にしたことを心よく思っていなかったのである。

ヨハン・ゴットリープ・ゲオルギはシベリア調査旅行においてパラスの補佐役の立場にあったが、年齢が班長のパラスよりも十二歳上であったこともあって、かなり独自な調査をすることができた。ゲオルギはとくに、バイカル湖の科学的研究に取り組んだ最初の学者としても知られている。湖の成因についても仮説を提出、また有名なバイカル・アザラシについて、現在も一部認められている陸封説を提出した。

すなわち、バイカル・アザラシは北極海岸のアザラシとよく似ているが、北極海から多くの早瀬をともなう数千キロの川(エニセイ、アンガラ)によってへだてられ、しかも淡水であるこの湖に、どこからどのようにしてアザラシが住みついたか、という問題である。バイカル湖とレナ川とは結ばれていない。そこでゲオルギは、レナ川の源流がバイカル湖に近接していることに着目し、遠い昔氷河が解けてはんらんしたとき、レナ川とバイカル湖はつながっていたと考えた。それほど水位が上昇した。アザラシはそのとき北極海からバイカル湖に入りこみ、その後の減水によってバイカル湖に住みついたというのである。この説は今日でもかなりの支持者がいるようであるが、海水に慣れた動物がそんなに容易に(と言ってもかなり長期にわたったのであろうが)淡水に住みつくものだろうか。しろうとの私には不思議に思われてならない。

図15　ブリヤート族のラマ像. パラスの旅行記より

ゲオルギはこのほか、当時までにわかっていた一切の民族学的データを集成して、一種の「大項目」的な民族学事典を編集執筆した。すなわちドイツ語とロシア語でペテルブルグで刊行された大著『ロシア帝国民族誌』である。このほか同じような方法で、『ロシア帝国の自然地理的および自然史的記述』と題する総合的な著作を発表している。

ラクスマンは、パラスよりもっとゲオルギを敬遠していたようである。あるいは、ゲオルギの方でラクスマンを嫌ったのかも知れない。ふたりの仲があまりよくなかったことは研究者が一致して指摘している。

科学アカデミー会員ラクスマン

一七七〇年二月二十六日、ラクスマンはペテルブルグの科学アカデミー会員に推挙された。当時この科学アカデミーは世界における学問の最高水準にあった。担当は化学実験室長、年俸六百ルーブルであった。彼が化学を担当した理由は、シベリアの天然塩水を氷結させて運搬、煮上げる方法を発見したからであった。もう一つの形式的理由はこのポスト(一七四八年ロモノソフによって創設)が前任者I・レーマンの死亡した一七六七年以後ずっと空席であったことがあげられる。この年の秋ラクスマンは科学アカデミーの総裁オルロフ(オルロフ五人兄弟の末弟)伯の所領であるヴォルガ中流域を訪れた。これは領主がラクスマンから農作物増収のための知恵を得るためであった。この旅行でラクスマンは鉱泉の成分を分析し、いくつかの新種の昆虫を発見した。

ラクスマンの仕事には、研究と教育活動のほかにさまざまな雑務が含まれた。外国の学会や学者から科学アカデミーにあてて多くの質問が寄せられたが、それにたいする返事はとくに面倒であった。秘密扱いの事項も少なくなかったので、それをどこまで答えるかも困難な問題であった。

一七七三年秋、フランスの有名な学者ディドロ(一七一三―八四)がペテルブルグを訪れ、科学アカデミー名誉会員に選ばれた(十月二十五日)。十一月一日科学アカデミー本部を訪れ、学術書記オイラーに二十四の質問状を提出した。そしてこの解答の草案はアカデミーからラクスマンに委嘱された。この質問状はシベリアの金銀について、塩湖について、マンモスなど化石動物の骨について、馬乳酒についてなど広範な分野にわたったが、それぞれについてラクスマンは的確に答えねばならなかった。

一七七四年九月一日付でストックホルムのベルギウスにあててつぎのように書いた。

「……科学アカデミーの自然地理調査団は部分的には不幸な結末になりました。善良なファルクは悲劇的な死をとげましたが、これは学問にとって損失でした。彼の助手《ラボラント》ゲオルギは誠実に答えるに奸智をもってし、それが恐らくファルクの死の原因だったのでしょう。グメリンはペルシアからの帰途デルベント付近のコーカサス山岳民に捕えられ殺されました。これも科学の殉教者です。」

ここで言うファルクは一七二五年スエーデンに生まれ、ウプサラ大学で医学を学び、後に母校の医学ドクトルおよび植物学の教授となった人である。学生のときカール・リンネの子どもの家庭教師をつとめ、リンネから植物学を学んだ。リンネによってペテルブルグの薬草園長に推せんされ、一七六九年三月にはアストラハン、オレンブルグ、チェリャビンスク、トムスク、バルナウル、トムスク、エカチェリンブルグ(現在のスヴェルドロフスク)、カザンをコースとする科学アカデミー探検隊第五班の班長として調査旅行に出発した。しかし旅行の途中重症の神経衰弱にかかったので、科学アカデミーはその助手として、ロシアに招かれたばかりのJ・ゲオルギ(同じくリンネの弟子)をファルクのもとに派遣した。しかしファルクの病状はしだいに悪化し、一七七四年三月三十一日カザンの客舎で自殺した。ゲオルギと不仲であったラクスマンは、ファルクの自殺の一因にゲオルギをあげている。両者が不仲であった原因はいろいろあるが、ラスキンとシャフラノフスキーの近著によると、ゲオルギがその著『ロシア帝国における一七七二、七三、七四年の旅行覚書』(一七七五年刊)の中で、シベリア研究史上重要なラクスマンの発見と研究についてほとんどふれなかったことがあげられる。しかも本書の出版はラクスマンに負うところが少なくなかったのである。同じくドイツ出身の学者・探検家パラスもその著作の中でラクスマンの業績にたいして比較的冷淡であった。パラスは科学アカデミーの中で最高クラスの影響力をもった会員のひとりであった。こうした事情はラクスマンの生涯において一定のマイナス的要素として働いたことは無視できない。

ところがサムイル・グメリンの方はラクスマンの専門とも言うべきシベリア以外の地域を調査したにもかかわらず、植物の新種にラクスマンの名を冠したりして、大いに彼の業績を顕彰している。

ファルクの死後、彼の原稿と昆虫標本の整理・出版が科学アカデミーによってラクスマンに委嘱された。ファルクが生前ゲオルギを好まなかったこともその理由であった。しかしラクスマンは、そもそも文献的整理が不得手であっただけでなく、自分がその調査団に加わっていなかったこともあって、原稿と資料は五年間放置され、結局ゲオルギの手に渡された。ゲオルギは抜群の整理能力をもった学者であった。それは『ロシア帝国民族誌』などの著作によっても知られる。彼はさらに五年間を費やしてついにファルクの原稿を整理、出版した。この事態もまた、その後ラクスマンの立場を困難にする一因となった。

ラクスマンはなによりもフィールドを得意とする学者であった。これは彼自身がよく知っており、事あるごとにシベリアへの調査旅行を志願したがなかなか機会に恵まれなかった。そこで彼は、一七七〇年にトルコ領からロシア領になったばかりのベッサラビアとモルダビアへの調査旅行を企画し、科学アカデミーに申請した。アカデミーは、旅行は許可するが資金は出せない、そのかわり現地のヤッスイでの銅銭鋳造所長のポストを世話しようということになった。ラクスマンは貨幣の鋳造に必要な知識はある程度そなえていた。一七七二年二月二十八日任地へ出発し、古い青銅製の大砲から銅銭を鋳造する作業にとりかかったが、専門職人の病気などの理由で失敗に終り、ラクスマンが最大の目的としていた現地の博物学的調査もほとんどできないまま、七三年一月五日ペテルブルグに帰還した。

その後一七七八年と七九年にはヨーロッパ・ロシア北部の分水嶺一帯の動植物、地質を調査した。このうち七九年の旅行では長男グスタフと次男アダムをともない、年末に帰京した。これはすばらしい論文として実を結び、鉱物・鉱山学者としての声価をますます高めた。

再びシベリアへ

この間においても、彼にあたえられたポストである化学実験室の設備や研究を決しておろそかにしなかった。しかしときの科学アカデミーの総裁ドマシネフに忌避されるところとなり、七等文官としてネルチンスク鉱山の副長官の職をあたえられ、再びシベリアへおもむくことになった。ラクスマン自身は、シベリア行きそのものについて、首都の人士が考えるほど不快には思わなかった。彼はすでに五年間にわたるシベリア生活の経験をもっており、科学者としてシベリアの魅力をよく知っていた。しかし赴任の前後にはずいぶん不快な目に合わされたようである。総裁の命令によって、科学アカデミーに関係する資料を一切提出し終るまでは外出を禁止され、ラクスマンの住居のまわりには警備の兵隊までつけられた。

家族とともに追われるように家を出たのは一七八〇年十二月十二日であった。ネルチンスクまでの道のりは約八千キロ、ラクスマンはピストルを手にして戸口に立ち、警備兵を追いはらって橇にのりこんだ。八一年三月にはドマシネフ総裁によって科学アカデミー名誉会員の名簿からものぞかれたが、八八年に再び名誉会員に加えられた。ラクスマン自身は生涯科学アカデミーとの連絡を断つことなく、忠実で積極的な会員でありつづけた。

ネルチンスク鉱山は南北五五〇キロ、東西五〇〇キロの広大な面積を占めており、鉱山技師としてのラクスマンにとって席のあたたまる暇がなかった。年俸一〇〇〇―一二〇〇ルーブル。バルナウルでの牧師職の十倍にあたる。彼は自分の待遇に満足していた。しかも博物学の研究には絶好の条件がそろっていた。ところがここでも人間関係というラクスマンにとって最も苦手の分野が待ちかまえていた。鉱山長官のベケルマン将軍以下、そろいもそろってくだらない俗物が集まっていた。一七八一年十月十九日付G・ミュラーにあてた書簡にはつぎのように書かれている。

「……長官をはじめ誰も仕事をしていません。長官が事務所に現われたのはこの期間〔約半年〕を通じてわずか四回、帳簿も全く点検していません。しかも日誌には毎日九時出勤と書かせ、経理を点検したという元老院への報告に署名じています。私がこのことについて長官の注意を喚起したところ、彼は狂ったように激怒しました……。」

この鉱山の労働力の大部分は流刑囚であった。管理者のほとんどは私腹をこやすのに汲々としていた。

翌年八月二十四日付のミュラーあて書信にはつぎのように書かれている。

「……私の悲しい運命については、あなたはすでに多くのことを聞いておられるでしょう。私としてはどうしようもありませんでした。そして元老院の容赦のないきびしさにもかかわらず、私は今や忌まわしいベケルマン将軍からはなれ、自分の良心を売って毎日出勤する必要がないことを喜んでいます。そればかりか、むしろ自分の行動を誇りに思っています。話はつぎの通りです。私はペテルブルグを出発するとき、女帝陛下からシベリアで美しい花樹を探すよう申しつけられました。エピヌス閣下からも書面で同じ指示をあたえられ、これを遂行するために全力をつくしました。無智な小人どもがこのことをねたみ、私からこの栄誉を奪おうとしたのです。第二には、この地の外科医オロフソンが夫人と生後十一週の娘を残して死亡しました。ベケルマン閣下の愛人エフィミヤは、未亡人が本真珠の腕輪を持っていると聞いて、それが欲しいと言い出しました。未亡人がこれを拒否すると、ベケルマン将軍がいやがらせをはじめ、パスポートを発給せず、ただひとりの下女までとりあげました。かわいそうな未亡人は私を訪ね、助けを懇願しました。そこで私は彼女に金をあたえ、ネルチンスクまで息子に送らせ、そこの警察にイルクーツクまでの駅馬券を発給するよう頼みました。これ以外に私としてどんな行動がとれたでしょうか。……こうして、二十年間学界で知られ、学問に自分の能力を献げてきた私は、俸給も保護者もないまま、今や自分の労働でパンを得なければなりません。こうして誠実な人間は、自分はなんの功績もないのに、他人の努力を利用し、自分の妻の兄弟の引立てで立身した下僕根性の人間から侮辱を受ける破目になりました。私はこの地で、一日として排斥されない日はありませんでした。私のやろうとすることはすべて妨害されました。とうてい全部を話すことはできません。近衛には少なからず愚か者がおり、ときには名門でなくても高官になる人がいます。彼らは上級者の前で無条件に従順で、なにもわからないまま、すべてに〝はい、その通りです〟とだけ答えます。しかし彼らがいったん高い官位に達すると、ネムツェフやそのたぐいのようにでたらめをはじめるのです。

考えてみて下さい。ペテルブルグには私の多くの友人がおります。ヨーロッパじゅうにも私を知っている多くの学者がおります。そして、私がなんの役にもたたない人間であるかのように、私にただの一行の手紙も書いてくれません。私のために発言する人はひとりもなく、私のみじめな運命になんの関心も寄せてくれません。これが世の中です。私の友人たちは、微笑をもって私の送る滅多にない標本を受けとり、葡萄酒の杯やコーヒーの茶碗を手にして愉快な会話を交すことでしょう……。」

珍しい手紙である。ラクスマンほどの能力と強い意志をもった人でも、このような失望状態におちいることがあったのだ。しかし職なしでは家族が養えないので、一七八三年、ネルチンスク市の警察署長という、大鉱山の副長官からは数段低い職についた。ネルチンスク市は、ネルチンスク鉱山のほんの一部にすぎない。ペテルブルグの科学アカデミー会員として、世界の学界にこの人ありと知られたラクスマンとしては、たしかにみじめすぎた。

しかし運命はいつまでもラクスマンにつらくあたることはなかった。一七八三年一月二十四日、科学アカデミーの独裁者ドマシネフが解任され、エカチェリーナ女帝の女官ダシュコワ夫人が新総裁に任命された。ラクスマンの立場は本質的に向上した。そして時を同じくして、彼はバイカル湖付近でラピス・ラズリ(青金石)を発見した。これは宮殿建築用に大量の半稀石を必要としていたペテルブルグの政府に大いに喜ばれ、一七八四年には政府直属の「鉱物《ミネラロギチエスキー・》探検家《プチエシエスベンニク》」の称号と二百ルーブルの年金をあたえられた。その任務は宮殿用の石材と宝石の探索であった。この年ラクスマンはいやな思い出ばかり多いネルチンスクを引きはらい、清流アンガラの町イルクーツクに移った。イルクーツクは当時人口二万を数え、「シベリアのペテルブルグ」とまで称されている都会であった。『北槎聞略』には「此所人家三千余有、甚繁華の地にて、百工商買備らざるものなく」、中国や朝鮮などの人々も「常に交易のため来り居るとぞ」と書かれている。

大黒屋光太夫との出会い

ラクスマンは東部シベリア各地へくり返し調査旅行を行ない、多くの目ざましい成果をあげたが、それに満足することなく、さらにロシア領アメリカ(今のアラスカ)や日本への旅行に強い関心を示した。これには、イルクーツクで著名な毛皮商人で航海家でもあったシェリホフ(一七四八―九五)、タリツィンスクのガラス工場の共同経営者A・バラノフ(一七四五―一八一九)らと知り合い、彼らから多くの影響をうけたことも無視できない。このガラス工場はラクスマンの技術とバラノフの資金との協力によって経営されていた。バラノフがロシア領アメリカ会社の総裁としてアラスカ方面へ去った後も、彼の株はそのまま残され、ラクスマンの大きな収入源となっていた。

日本への関心は、当時イルクーツクに在住していた数人の日本人たちによってよび起こされた。とくに一七八九年における大黒屋光太夫との出会いは、光太夫にとっては勿論のこと、ラクスマンの生涯にとってもきわめて重大な出来事であった。

大黒屋光太夫は、亀井高孝先生の研究によると、一七五一年(宝暦元)伊勢国白子町(現在三

図16　18世紀当時のニジネ・カムチャツク．クラシェニンニコフの『カムチャツカ誌』より

重県鈴鹿市白子町）つづき南若松のかなり裕福な商家に生まれた。一七八二年（天明二）末、光太夫は回漕問屋の命を受けて神昌丸という千石積の沖船頭として白子浦から江戸へ回航の途中、遠州灘で暴風にあい、約八カ月の漂流の後、アレウト列島の一島アムチトカに着いた。ときに生年三十三歳であった。アムチトカ島は近年アメリカによる水爆実験の行なわれたところである。漂着から三年後、ロシア人の毛皮商人たちと一緒に一年がかりで六百石積ほどの船をつくり、カムチャツカに着いた。ここでの滞在は約一年半であったが、この間多くの乗組員をつぎつぎに失った。

カムチャツカのニジネ・カムチャツクでは、フランスのラ・ペルーズ（一七四一―一八八）探検隊の一員レセップス（当時二十五歳）に出会ったが、そのときの印象はレセップスの旅行記『カムチャツカからパリへの旅』に記述されている。カムチャツカ滞在一年半の後、光太夫以下六人の生存者は海路オホーツクに到着、ヤクーツク経由でイルクーツクに着いたのは一七八九年二月十七日のことであった。ヤクーツクからイルクーツクまで「二千四百八十六里、四五百里が程は此所彼所にヤコト〔ヤクート族〕の住居有れども、夫よりさきは絶えて人居なし。八九里毎に官駅有て馬を替る。遙に馬に付たる鈴の音を聞けば、かねて馬を備へおき即時につぎかへて少しも遅滞する事なし」(『北槎聞略』)。

光太夫ら一行がイルクーツクでラクスマンに紹介されたことは、帰国実現のための重大な一歩であった。ラクスマンは光太夫から日本事情などを知り、また日本地図の検討を依頼した。ラクスマンが一七九〇年三月二十日付でイルクーツクから科学アカデミーに送った手紙にはつぎのような文面が見える。

「ここで科学アカデミーに日本地図をお送りすることを光栄に思います。日本人の商人大黒屋光太夫が自ら自分の地理書から拡大して描いたものです。地域名、所領名はラテン文字と日本文字の両方で表記されています。この地図の示すように、そして作図者が言うように、ケンプファー(一六五一—一七一六)のいう二つの島、四国と九州はいかなる海峡によっても分離されておらず、日本とともに一つの陸地を形成しています。なお、ケンプファーの地図では、いくつかの所領名は誤っていますが、ここでは訂正されました……。」光太夫ほどの人物が、四国と九州が島でないと考えていたとは、ちょっと理解に苦しむところであるが、人間の知識にはエア・ポケットのような抜け穴があるものだから、実際にそう思いこんでいたのかも知れない。いずれにしても不思議なことである。

一七八九年、イルクーツクの総督はペテルブルグから光太夫らを首都に送るべしとの命令を受け、一七九一年初頭ラクスマンが一行に同道した。ペテルブルグ着は『北槎聞略』では二月十九日となっているが、パラスが「最近イルクーツクからやってきた」ラクスマンから入手したと言って植物の種子を科学アカデミーに提出したのが二月七日となっているので、実際に着いたのは二月初頭と考えられる。ペテルブルグに着いてからラクスマンは大病にかかった。このことは『北槎聞略』によって知られるが、ラクスマンの伝記にも書かれていない。「それより程なくキリロは傷寒の如き病をうけて日夜に危篤の躰なる故、光太夫は大恩人の事なれば、願の事うち捨おき、昼夜つきそひ、他事なく看病したりける。」全快までに八、九十日を要した。

光太夫はラクスマンにともなわれてペテルブルグ郊外ツァールスコエ・セロの離宮で女帝エカチェリーナ二世に謁見、金メダルと現金六百ルーブル、住居、晡などを賜わり、ラクスマンの二男(先妻の子)アダムを使節としてオホーツク港から日本に送還されることが申し渡された。

アダム・ラクスマンは中尉として当時カムチャツカ半島の付け根に近いギジギンスクの警察

署長の職にあったが、父親の指導によって自然科学的な分野に深い関心を持っていた。一七七九年には兄グスタフとともに父親についてカレリア地方を探検し、任地のオホーツク海岸からはさまざまな博物学的資料や観察結果を父親に報告していた。またこの寒地におけるジャガイモの栽培を実験し、旅行先の地図を作成した。こうして父親は、二十六歳の息子アダムが探検家として十分な素養をもっていると認め、女帝に推せんしたのである。そしてこの判断は誤らなかった。アダムはその任務を立派にはたし、父親の期待に答えたのである。

光太夫とエリク・ラクスマンは首尾よく目的を達して、一七九二年一月二十三日イルクーツクに帰着した。直ちに帰国準備をはじめたが、それまでの死亡や病気による残留のため、実際の帰国予定者は光太夫、磯吉、小市の三人だけであった。

イルクーツク総督ピーリは皇帝の命をうけてアダムに指令を発し、五月二十一日ラクスマンとともにオホーツクへ向かって出発した。「キリロはかゝる艱難の旅中にも、始終馬より下り立て草木薬石等をもとめ採りて他念なく見えけるとぞ。」ヤクーツク経由でオホーツクに着いたのは八月一日(『北槎聞略』では八月三日)。約一カ月後の九月十三日、エカチェリーナ号はアダム・ラクスマン以下約四十人の乗組員をのせて根室へ向かって出帆した。オホーツクに「停留の中にもキリロは日々採薬に出る他事なし」。ここで採薬というのは、言うまでもなく植物採集のことである。『北槎聞略』のこうした記述はラクスマンのひたむきな研究態度をよく示している。ラクスマンは三人の日本人学者にあてた手紙をアダムに託した。その三人の具体的な名前は今ではわかっていない。おそらく桂川甫周もそのひとりであったであろう。

アダム・ラクスマンは首尾よく使命を果して、翌九三年九月九日オホーツク港に帰着した。この三六一日間の彼の旅行日誌が残されており、播磨楢吉氏による邦訳もある。日本から持ち帰った品物は父親を通じてペテルブルグのクンストカメラ（博物館）に納められた。

図17　ラクスマン家の家紋．右の3本が日本刀

アダムは直ちにイルクーツクのラクスマン（父親）あてに報告を書き、ラクスマンはそれを科学アカデミーの学術書記オイラーとベズボロドコ伯に知らせた（一七九三年十一月三十日付）。アダムは直接の命令者であるイルクーツク総督に日本旅行を報告するため、一七九四年一月二十一日イルクーツクに入った。ここで約一カ月半滞在し、五月二日父子そろってペテルブルグに着いた。これはラクスマンにとって五度目の入京であった。これまでシベリアから送りつづけた数々の観察報告とコレクションによって、科

学アカデミーはラクスマンの努力を高く評価し、今度はまたアダムが日本で採集した二〇六点の標本が大きな反響をよんだ。

一方、女帝とその側近によっても父子の功績が認められた。父親は六等官《コレジスキー・ソベトユク》に叙せられ、当時の大きな栄誉であった聖ウラジミル四等勲章を授けられ、息子のアダムは大尉に昇進した。父親ラクスマンが、アダムが日本の幕府からロシア皇帝への贈物として持参した日本刀三本を献上すると、女帝はそれをラクスマン家の家紋に描くことを許した。

しかし女帝は、フランス革命その他の国際関係の影響もあって、アダム・ラクスマンの訪日成果を活用することができなかった。ラクスマン研究家ラグスによれば、シェリホフらが日本貿易を独占しようと画策したこともその原因であった。ペテルブルグ滞在中ラクスマンは硝石とガラスの製法に関する新技術について論文を発表した。これはいずれも単行本で出版された。また科学アカデミーの植物園では彼自身が採集した種子による多くの植物、なかにはタデ科の植物 *Polygonum Laxmanii* も見ることができた。このほかにも彼の名を冠する植物は十指にあまる。

一七九五年春、ラクスマンがかねてより提出してあったブハラ汗国旅行と日本旅行の計画書について、認可のきざしが現われた。ラクスマンの敵のひとりシェリホフがこの年の七月二十日に死亡したことも、彼の壮大な探検計画の実現の好条件となった。彼はその年の冬、橇でバルナウル経由で南下、ブハラ汗国に達し、翌年夏イルクーツクの家族のもとで休息し、九月末オホーツク海岸から日本に向かうことを考えていた。しかしこの計画はラクスマンが急死したためついに実現しなかった。

毛皮商人シェリホフ

一七四三年と言えばベーリングの死後わずか二年にすぎないが、すでにアレウト列島が毛皮獣の宝庫であることがロシアに知られ、コサックの伍長エメリヤン・バソフらの一隊がコマンドルスキー諸島（ベーリングが大尉分遣隊長《カピタン・コンマンドル》であったことにちなむ。ベーリング島はこの諸島中のひとつ）で毛皮採集に従事した。その後ロシア人たちは、シベリアにおいてテンを求めて東進したように、ラッコやキツネを求めてアレウト列島沿いに進出し、一七六一年にはアラスカに達した。そしてこの毛皮の取引において巨利を得ていたのはイルクーツクの商人たちであった。イルクーツクはキャフタを経由する中国貿易の中継地でもあったからである。イルクーツクで巨富を築いた商人たちの噂はロシアじゅうに広まり、多くの人々が一獲千金を夢みてこの町へ殺到した。後年ロシアの北太平洋進出史上画期的役割を果すシェリホフもその中のひとりであった。

グリゴリー・シェリホフは一七四七年、クルスク県のルィリスク市に生まれた。少年時代から父親の経営する小商店で働き、商売の基本を身につけたが、彼はそれに満足することができなかった。シェリホフ家にはピョートル大帝より下賜されたと伝えられる銀のひしゃくがあり、彼が大商人たらんと志したのはこの家宝にはげまされたからだと後年述懐している。

一七七二年二十五歳のとき、彼は付近の中心地クルスクへ移ったが、ここで何人かのクルスク商人がシベリアに出かけ、そこで成功したことを聞いた。例えばイワン・ゴリコフとミハイル・ゴリコフの兄弟である。そこでシェリホフもイルクーツクへおもむくことにした。イルクーツクではまず同郷の誼みでイワン・ゴリコフの商会に手代として勤務しながら、毛皮取引業に進出するチャンスをうかがった。この頃彼は、同じ志を抱くヤクーツク商人レベデフ・ラストチキンという者と知り合った。

おりしもイルクーツクでは、ムヒンとザスィプキンというふたりの企業家がアレウト列島方面から運んできた毛皮の利益配分をめぐって争っていた。シェリホフとレベデフ・ラストチキンは彼らの弱味につけこみ、彼らの会社の株の大部分を買い占め、毛皮採集船ニコライ号を所有するにいたった。買い占めと共同経営はシェリホフの常套手段であった。

一七七四年、シェリホフははじめてオホーツクを経由してカムチャツカへ旅行し、長官のベム少佐と会談して、ニコライ号を南千島方面へ派遣する許可を得た。

一七七五年、二十八歳のシェリホフはイルクーツクに帰り、市内に住む大金持の若い未亡人ナタリヤ・アレクセェヴナと結婚、ばく大な資産の所有者となった。これによって、彼の年来の夢は実現の可能性を得たわけである。彼は、毛皮採集船が一隻や二隻遭難しても破産しないようにしようと考え、しゃにむに事業の拡張につとめた。

結婚した年には経験に富むカムチャツカの商人アリンとシドロフの会社に合流し、翌年には彼らと共同で「聖ピョートルと聖パヴェル」号をアレウト列島に送り出した。七七年にはさらに、かつての使用主であったイワン・ゴリコフの会社とパノフの会社に加わり、共同でアンドレイ・ペルヴォズヴァンヌイ号を編成してアレウト列島に送りこみ、同じ年、パノフとサヴェリエフ(モスクワの商人)と共同で「聖ワルフォロメイとワルナワ」号をアレウト列島中央部のアンドレヤン諸島に派遣した。また同じ年の末にはレベデフ・ラストチキンと組んで千島列島南部に三本マストのナタリヤ号(シェリホフの妻の名にちなむ)を送ったが、この船は北海道の厚岸湾付近に上陸したことが報ぜられている。ナタリヤ号は翌年も同じ方面へ航海し、千島方面の新情報を収集した。この船には有能な下士官オチェレジン、通訳アンチピン、イルクーツクの商人シャバリンらが乗り組んでおり、千島列島についての知識を深めるうえで大いに貢献した。その結果、毛皮獣の宝庫は千島列島ではなくてアレウト列島であることを再確認し、当面全力をこの方面に集中することにした。

一七七九年、シェリホフはイルクーツクのイワン・ゴリコフおよびシビリャコフと組んで、破産した商人ペロポニソフから洗礼者ヨハネ号を買収し、六十一人の乗組員を乗せてアレウト列島へ送り出し、同じ年シェリホフが独力で建造したヨアン・ルィリスキー号をこれに合流させたが、この船はカムチャツカの海岸で難破し、大損害をこうむった。しかし彼は、これでへこたれる人物ではなかった。八一年にはアレウト列島方面に、同時に三隻を派遣する計画に参加した。すなわち「聖ワルフォロメイとワルナワ」号(商人パノフと共同)、聖グレゴリー号と聖パヴェル号(レベデフ・ラストチキンと共同)である。

この頃シェリホフはひとつの「ひらめき」を得た。すなわち、アレウト列島のある島にロシア人毛皮商人のための常設基地をつくるという構想である。ここに何人かを常駐させ、原住民の協力を得て毛皮を集積し、船団を派遣してそれを運んでくることにすれば、毛皮の安定供給、航海の安全、出費の軽減など多くの利益を得ることができる。そしてこの構想は、一七七八—七九年におけるクックの第三次探検の結果、イギリスの商人が北太平洋方面に眼を向けはじめたことによって実現が早められた。つまり、イギリスにおくれをとってはならないということである。

シェリホフは自分の構想を実現するための資金集めに奔走し、イルクーツクだけでなくクラスノヤルスクなど東部シベリア各地の商人から協力を得ることに成功した。また共同経営者ゴリコフとともに遠くペテルブルグまで出かけて、首都の高官や富豪にも協力を依頼し、「シェリホフ・ゴリコフ商会」を設立した。こうした手はずを整えた後、彼は自らアレウト列島に乗り出したのである。このあたりがシェリホフの非凡なところである。

一七八三年八月、シェリホフは妻ナタリヤをともない、三隻の船団を組んで北太平洋へ向かった。そして八六年までまる三年間、主としてカディヤク島を中心に毛皮採集の根拠地をつくった。注目されるのは、シェリホフが原住民のアレウト族とあくまで平和的に接し、教化を通じて彼らの協力を得ようとつとめたことである。彼はその手記の中で書いている。

「私は、彼らの愚昧を見るのが悲しかった。そこで彼らの混乱を少しでも救おうと考え、私たちも彼らと同じ人間であること、彼らが私たちと平和的に住んで私たちの生活様式を学ぶ必要があることをわからせようとつとめた。私は彼らにロシアの住居や衣服、食物の長所を見せた。また彼らは、ロシア人が土を耕して種子をまくのを見、また私はその収穫物を彼らにあたえた。彼らはただ驚くだけであった。私がロシア人のつくった食物を彼らにあたえると、たいへん喜んでこれを食べた、また誰もが食べたがった。

私のこうした行動はしだいに彼らの共感をよび、私を喜ばせようとして、私が要求もしないのに多くの人が自分の子どもたちを人質として私のところにつれてきた。私は彼らが不満に思わないように、その一部を預かり、また一部はみやげ物を渡して帰した。こうして仲よくなってから、私は彼らに神のことを教えようとつとめた。」

彼の記録は商人の書いたものとしては極めて出色であり、一七九一年の出版直後から英語、ドイツ語、フランス語などに訳された。

シェリホフは自分がカディヤク島を去るにのぞみ、サモイロフという代理人を残して細かい指示をあたえた。このとき、毛皮獣が乱獲によって急速に絶滅される危険があることを憂え、そのための対策としてイギリスやオランダの東インド会社に似た単一の会社の設立を考えた。こうすれば多くの会社の乱立による競争をなくし、原住民にたいしても、毛皮獣についても、合理的に対処できるのではないか。また毛皮商人の収益も安定的に増えるにちがいない。

シェリホフはイルクーツクの商人たちにこの構想を説いて合同を呼びかけたが、イワン・ゴリコフのほかは誰も信用してくれなかった。そこで彼は、新会社の構想が国家的に重要であると考え、一七八八年二月ペテルブルグにおもむき、女帝エカチェリーナ二世に、二十年間で返済する条件で二〇万ルーブルを貸付けてほしいと願い出た。しかし女帝は、「あらゆる独占は自分の主義に反する」としてこれを許可しなかった。シェリホフはそれでもこの構想をあきらめず、自分の意図を世間に知ってもらうつもりで前記の記録を出版したのである。

イルクーツクでは、彼はラクスマンと親交を結んでいた。ラクスマンが息子のアダムを使節として日本へ派遣する計画を提出、政府によってそれが許可されると、シェリホフは直ちに自分の持船を使用してほしいと申し出た。同時に、自分の番頭ひとりと、カディヤク島からつれてきたふたりのエスキモーをそれに同行させることにした。しかしアダムはシェリホフの持船でなく、官有のエカチェリーナ号を選んだ。

シェリホフはアダムの帰国後、自分の船を日本に送ろうと画策したが、ラクスマンはシェリホフによる日本貿易の独占をきらい、多くのロシア商人がこれに参加すべきであると主張し、ここでふたりは仲たがいした。そこでシェリホフはズヴェズドチェトフという者をウルップ島、ついでエトロフ島に派遣し、これを拠点にして対日貿易を発展させようとした。またアムール川下流部にも食指を動かした。

このように、シェリホフの計画は遠大なものであった。しかし一七九五年六月二十日、四十八歳の若さでイルクーツクで急死し、その雄図は挫折した。

図18 イルクーツクのズナメンスコイ修道院構内にあるシェリホフの墓

死の直前、彼は事業経営のうえで大失敗をおかし、破産の危機に瀕していたことが明らかになっている。その事情はつぎの通りである。一七八六年から数年間キャフタにおけるロシアと中国の貿易が中国側の都合で中断された。シェリホフは貿易再開後の巨利を期待してばく大な量の毛皮を貯蔵した。ところが再開後、一七八三年以後ヨーロッパの商人が大量の毛皮を船で広東に運び、そのため値段が暴落したことが判明し、シェリホフは大損害をこうむったのである。シェリホフの発病はこれによるショックが原因といわれ、自殺説まである。

イルクーツク市内のズナメンスコイ修道院(現在も教会として活動している)の構内には一八〇〇年に建てられたシェリホフの墓がある。墓碑は大きな四角形の台石の上に、先のとがった四角柱が立てられ、シェリホフの青銅浮彫をはじめ、地図、コンパス、錨のほか、彼の著作を意味する原稿が描かれている。その西面には、「この墓碑は尊敬すべき、そして善行多き夫のために、熱い涙にくれ、神にむかって深い悲しみに沈む未亡人によって建てられた」と刻まれ、北面には宮廷詩人ジェルジャヴィンのつぎの詩句が見られる。

ここにロシアのコロンブスが眠る、
彼は海原を渡り、未知の国々を発見した。
しかしこの世のすべては滅ぶもの、
やがて彼はその船を天の海へすすめた、
地上ならぬ天上の至福をこそ求めて。
神よ、彼の魂に安らぎをあたえ給え。

シェリホフの独占的毛皮会社の構想は、彼の死後、一七九八年未亡人らを中心に「ロシア領アメリカ会社」(露米会社ともよばれる)として設立趣意書が起草され、九九年七月八日付の勅令で認可された。新会社の総支配人はシェリホフの長女アンナの夫レザノフ、現地のカディヤク島での支配人は一七九〇年以後二十八年間A・バラノフによって占められた。レザノフは後に、仙台の漂民津太夫らを乗せて長崎を訪れた遣日使節としても知られている。

なお、この会社の管理に委ねられていたアラスカとその属島が一八六七年三月三十日、わずか七二〇万ドルでアメリカ合衆国に売却されたことは、おとぎ話のような事実である。

シェリホフの名はイルクーツク付近の新興工業都市名、アムール川下流部の集落名、パラムシル島の一地名、オホーツク海北部の湾名などのほか、アラスカの数カ所の地名に残されている。また『北槎聞略』や『環海異聞』にもしばしば彼の名があげられている。

ラクスマンの死

橇はウラル山脈を越えて、西シベリアの雪の荒野をひた走りに走った。長い毛皮外套にくるまったラクスマンは、バルナウルにおける若い日のなつかしい思い出にふけっていた。彼はバルナウルを目差していた。

橇がトボリスクから一一八キロ、ワガイ川がイルティシュ川に注ぐ地点にあるドレスビャンスコイという宿場に着いたのは一七九六年一月五日のことであった。ここで馭者は替馬のために馬を止めたが、橇に乗った人物は化石のように動かなかった。馭者が驚いてかけ寄って見ると、ラクスマンはすでに息絶えていた。脳溢血であった。ラクスマンの遺体は部落の墓地に葬られたが、その墓もいつとはなしに忘れ去られた。死亡通知は二カ月後ペテルブルグに達し、科学アカデミーの議事録に「六等官、科学アカデミー名誉会員エリク・ラクスマンは死亡のため科学アカデミー会員名簿より除籍」と書きこまれた。

遺族は、先妻の子二人のほか、二十八年間苦楽をともにしたエカチェリーナ・イワノヴナとの間に生まれた息子五人、娘ひとりがいた。イルクーツクの住居はラクスマンの残した記録や資料とともに一八一二年火事で焼け、翌年タリツィンスクのガラス工場は未亡人によって売却された。息子たちはアダムをのぞいて史上名をとどめるほどにはならなかったが、そのアダムも日本旅行から帰って後、ほとんど忘れ去られたようである。

ラクスマンの論文、書簡のうち印刷されたものは四十点、学者としてはわりあい少ないが、そのほとんどがユニークな新発見に関係しており、その水準は極めて高いとされている。

なかでも野馬を捕えて自分の庭で生態を観察したこと、イルクーツク付近において化石動物のサイの頭蓋骨を発見したことは当時の動物学界でセンセーションをおこした。鉱物の分野でも多くの新発見をしたが、一七八四年バイカル湖付近でのバイカリートとよばれる緑玉石に似た鉱物とラピス・ラズリがその代表的一例である。化学の分野でも多くの業績があるが、とくにガラスの製法において、植物性の炭酸カリの代わりに鉱物性の塩を用いたことは重要で、自らタリツィンスクのガラス工場でこの製法を工業化した。ガラスの透明度を増すための新技術も彼によって開発された。

ラスキンとシャフラノフスキーはその著『ラクスマンの生涯』においてつぎのように書いている。「ラクスマンは、自然の調和に魅入られ、一見全く異質と見える要素でも法則的に結びついていることを深く理解した、生まれながらの自然科学者《ナトゥラリスト》であった。彼は個々の花や珍しい動物、不思議な鉱物の美しさをみとめながら、しかも自然界の一般的ハーモニーにおけるその位置を忘れなかった。彼は自分の観察をすべて、野や山、鉱山で行なおうとつとめた。……はるかな十八世紀において、ラクスマンはつねに未来を目差していた。彼の先進的な思想、純粋な性格、広い知識は、学問の進歩発展と未来への輝かしい展望を可能にした。これらすべては、十八世紀において、つぎにつづく科学思想の前進運動の先駆者としての役割を果した学者たちのひとりに、彼の名を加えることを可能にさせるのである。」

最後に私たちは大黒屋光太夫らの後輩として、ラクスマンが光太夫ら一行につくしてくれた親切、恩恵に心から感謝する。この一事だけでも、ラクスマンの名は私たちにとって永久に消え去ることはないであろう。

5　ポーランド反乱の流刑囚たち

ポーランド反乱

一八六三年一月十日夜から十一日にかけて、ロシア帝国支配下のポーランド人の大反乱が勃発した。反乱軍は二十カ所の拠点を襲撃し、やがてその範囲は今のリトヴァ、白《ベロ》ロシア、ウクライナ西部地域まで広がり、鎮圧までに一年半を要する大規模なものとなった。この反乱は、現代ソ連の研究者によれば、民族解放と反封建制の武装蜂起と規定されている。

帝政ロシア政府は断固たる姿勢でのぞんだ。反乱の全域にわたってただちに大規模な捜査網が広げられ、ろくな裁判もなしに反徒の行政的流刑や囚人部隊への編入が行なわれた。逮捕されたものは大きく五つのカテゴリーに分けて処理された。第一は首謀者、反乱側に移った職業軍人であり、第二は、「教育や社会的地位によって民衆に有害な影響をあたえ、あるいはあたえることのできる人物」で、武器を所持したまま捕えられた者であった。これに属する者の多くは、地主、聖職者、商人、医師、教師、官吏たちであった。第三は、同じく武器を持ったまま捕えられたもので、反乱に加わったのは明らかであるが、これを広めるうえで本質的な影響力をもたず、他人に誘われて入った者たちであった。これは主として農民や手工業者、未成年の学生たちであった。第四は、反徒に物質的援助をあたえたり、かくまったり、あるいは反徒の所在を知っていて当局に届けなかった者を対象とし、第五は、自発的に武器を捨てて投降した者であった。

ポーランド、リトヴァ、白《ベロ》ロシア、ウクライナなどからロシア各地へ追放された反徒の総数は、一八六三―六四年で三万六四五九人、このうち西・東のシベリアへ追放された者は一万八六〇六人であった。

シベリア追放を宣告されたポーランド反乱参加者は四つの大きなグループに分けられた。第一グループはすなわち、第一に無期徒刑（強制労働）で、死刑と同じく、前記の第一カテゴリーに属する人々、第二に一定の期限を定められた徒刑で、前記の第二または第三カテゴリーの人々であった。徒刑労働はその程度によって三段階に分けられた。第一は鉱山における長期（無期または十五年）の重労働で、第二は要塞における労働、第三は工場労働であった。シベリアの行政当局は自らの裁量によって徒刑囚の配置や刑期に手ごころを加えることを許されていた。

一八六四年秋までに、東部シベリア総督府（在イルクーツク）はポーランド反乱の反徒たちの行先を指定した。すなわち、ネルチンスク鉱山区の三つの場所（アレクサンドロフスキー工場、ガダイン鉱山、アカトゥイ鉱山）、チタとそこから三十キロ離れたシワコヴォ村、イルクーツク、バイカル湖岸のリストヴェニチナヤ村、イルクーツク製塩所(ウソリエ)、ペトロフスキー製鉄所、ウスチ・クートおよびトロイツキー製塩所、スレチェンスクとキレンスクである。

シベリア追放の第二のグループは、一切の権利と財産を剝奪されて生涯のシベリア移住を宣告された者たちであった。この強制移住は二種類あって、ひとつは「遠隔地」(ヨーロッパ・ロシアから遠いという意味)、もうひとつは比較的近い「遠隔地」であって、前者は東部シベリア、後者はふつう西シベリアのトムスク県、トボリスク県であった。この宣告は主として第二カテゴリーの反徒に適用された。この中にはいったん徒刑労働を宣告され、後に「皇帝の慈悲」によって刑一等を減ぜられた人々もまじっていた。

第三のグループは、権利および財産の部分的剝奪、あるいはそれを保持したままの強制移住であった。これは特権階級に属した反徒の「矯正」手段として適用された。第四のグループは、ヴォドヴォレニエ Vodvorenie とよばれる強制移住で、リトヴァや白《ベロ》ロシアから部落や村をあげて集団的に移される場合もあった。またこの中には、囚人部隊の期限を終ってまわされる者も含まれていた。ロシアでは長い間兵隊(将校ではない)は一種の苦役と考える思想があり、辺境守備の兵隊の相当数は農奴の子弟や当局からにらまれた者、あるいは囚人たちであった。この第四グループの多くはシュリャハタとよばれるポーランドの地主・小貴族階級であった。クラスノヤルスク文書館に残るエニセイスク県のデータによると、四四一九人のポーランド反乱の流刑囚のうち一八六五人がシュリャハタ階級に属していた。またポーランド反乱の反徒の大部分は、以上のうちの第四グループ(約九千人)、つぎは第一グループ(約四千人)に属していた。

流刑囚や強制移住囚の生活は悲惨を極めた。私たちは、太平洋戦争後三十年近くもグァム島やルバング島でひとりだけで生きのびていた人のことを知って驚嘆するのであるが、シベリアではそれは絶対に不可能である。自然の条件がまるでちがう。人里を離れては食物もないし、なによりもまず焚火で暖をとらなければ凍死してしまう。たったひとりでは、まずひと冬も越せないであろう。

このポーランド反乱の反徒の中にはワルシャワやデルプト(現在のタルトゥ)、あるいはクラコフ、ハリコフ、キエフなど有名な大学の出身者や在学者も少なくなかった。彼らにとって、未来への輝かしい夢は一転してシベリアでの暗い囚人生活となったのである。

シベリア流刑制度

ここでシベリアの流刑制度について簡単にのべよう。ロシア史上、シベリア流刑がはじめて登場するのは十六世紀であって、逃亡農民が主な対象であった。広大なシベリアははじめ、モスクワ政府の使節局の管轄下にあったが、一五九五年シベリア局が新設され、流刑に関する業務もこの局に委任された。一六四八―四九年皇帝アレクセイ・ミハイロヴィチは「ソボル法典」を制定したが、この中でレナ河岸とヤクーツクが流刑地に指定された。そして、流刑を刑罰としてだけでなく、シベリア開拓にも利用しようと考え、地主から逃亡した農民の死刑を廃止してシベリア流刑に処する勅令《ウガズ》を発した。「皇帝は彼らに死刑を適用せず、妻子とともにシベリアへ強制移住させ、畑地を耕す恩恵をあたえた。」流刑農民はこうして、死刑の代わりに笞打たれ、左の人差指を切られてシベリアへ追放され、農産物の一部を国庫に納めるようになった。一六六二年の人口調査によると、シベリアのロシア人は七万、うち八千人が流刑囚であった。

一六七九年、皇帝フョードルは勅令を発して、盗賊は指を二本切断した後、妻子もどもシベリアへの永久追放に処した。しかし指がなくては野良仕事にさしつかえるというので、一六八三年の勅令で、指の代わりに耳が切断されることになった。シベリア流刑が刑罰の基本的形態になったのはこの時期からである。

ピョートル一世の治世には、流刑地としてのシベリアの意義は低下した。囚人はヨーロッパ・ロシア各地の要塞や港湾の建設、製塩所、鉱山などの労働力として利用された。しかしピョートル一世の死後シベリア流刑が復活され、流刑囚をシベリアに定着させようとして、住民が彼らに自分や親戚の娘を嫁がせるように厳命を下した。

一七三三年、囚人の一団が農耕のためにオホーツクへ送られた。しかし気候条件のためにムギは実らず、シベリアの他の集落へ引き返さざるを得なかった。一七三七年、主な流刑地としてイルクーツク地方、ヤクーツク地方、ついでカムチャツカが指定された。しかし彼らは農民として定着できず、狩猟や漁撈で露命をつなぐにとどまった。

一七六五年一月十七日、女帝エカチェリーナ二世は法令を発し、地主が自分の一存で(つまり裁判なしで)自分の農奴的農民をシベリア流刑に処したり、あるいはつれもどしたりできるようにした。法令では、四十五歳以上の者や不具者、病人を流刑にしてはならないことになっていたが、必ずしも守られなかった。地主はシベリアへ流刑に処した農奴の数だけ、自分の所有する農奴の徴役免除を許されたので、役にたたない農奴の代わりに、若くて使いものになる農奴を手許に残すことができたのである。

当時トボリスクに捜査局という役所が開設され、国事犯のシベリア流刑業務にあたった。この捜査局はカザンからイルクーツクまでの都市に六つの支部をおいていた。カザン支部はロシア中央部の各都市から流刑囚を受取り、毎週一回ペルミ市へ送った。ペルミでは流刑囚の名簿を整備し、衣服や食糧をあたえてトボリスクまで送り、そこで行先地の指定や流刑囚の個人的点検が行なわれ、台帳がつくられた。ここから流刑囚はアルファベット順の身上書を持ってトムスク、クラスノヤルスク、イルクーツクと送られるが、これらの支部はトボリスクの捜査局に毎年一回各流刑囚の行動や成績を報告した。捜査局はそのデータを台帳に記入した。

流刑囚は五つのカテゴリーに分けられた。すなわち、徒刑囚のほか、四種類の強制移住囚があった。それはすべてさまざまな権利制限の度合いに関係しており、流刑囚たちは自分たちのカテゴリーの相違をかなり重視していたと言われる。

徒刑囚のためには監獄が使用された。十九世紀、東部シベリアで有名な監獄はイルクーツク付近にあるアレクサンドロフスキー・ツェントラル(中央中継監獄)であった。ロシアにおける最初の監獄制度はイワン四世の法典である(一五五〇年)。監獄では、囚人は鉄鎖につながれていた。

図19　足枷をつけ，頭を剃られた徒刑囚(19世紀)

一六八九年以後、主として囚人労働によってシベリア街道が建設された。十九世紀末から二十世紀初頭のシベリア鉄道の建設でも相当な囚人が動員され、第二次世界大戦後のタイシェトーブラーツクーウスチ・クート間の鉄道(いわゆるバム鉄道の一部)でも日本人捕虜やロシア人の囚人労働力がかなり投入された。シベリアの道路や鉄道の建設には囚人や捕虜が昔から利用されたようである。

シベリア街道はモスクワからウラルのクングル、エカチェリンブルグ(現在のスヴェルドロフスク)、チュメニ、トムスク、クラスノヤルスク、イルクーツクと通じたが、一七六三年以後この街道すじにエタプまた半《ポル》エタプとよばれる宿営監獄が整備されはじめた。囚人は歩哨の銃剣のもとでエタプからエタプへ移動した。歩哨は、もし囚人を逃がせば、その責任として彼自身が囚人として送られることになっていたから、護送は厳重を極めた。このエタプという宿営施設は、風の吹き抜けるバラックであって、冬もほとんど火は焚かれず、夏は夏で付近にあふれた糞尿や体臭で息もつけないほどであった。また狭い建物に多くの人がつめこまれることも多く、横になる場所すらなくて、仲間の足の上に寝ころぶようなことはふつうであった。移送の途中は、重さ五フント(約二キロ)以内の鉄鎖が枷として足に巻きつけられ、腕は後手にしばられた。あるいはまた十人一組で一本のくびきに縛りつけられて歩かされた。途中で仲間が倒れれば、それをつぎのエタプまで担って運ばなければならなかった。くびきの鍵はエタプの長官にあずけられていたからである。囚人たちにとってなによりもつらいのはこの移送であった。食事はエタプで配給された。金のあるものは街道すじの店で補うことができたが、多くはそれもかなわず、民家の前を通るときに物乞いをした。

一八〇六年、囚人を国費によってイルクーツク県のニジネ・ウジンスクへ送りこみ、土地をあたえて耕作させ、大部分の収穫を国に納入させる施策がとられはじめた。しかし一八一九年シベリア総督に着任したスペランスキー(一七七二―一八三九)は、一八二二年に流刑法を制定し、それまでの法律を無効とした。流刑囚は六種の労働に区分され、シベリアの各支部の要望に応じてトボリスクで行先が分けられた。一八二三年トボリスクに流刑局が設置され、六九年チュメニへ移された。同じく一八二三年、ヨーロッパ・ロシアの浮浪者《ブラジャガ》はすべてシベリアへ追放されるようになってから、流刑囚はシベリアの各都市で処置できないほど急増した。十八世紀の囚人数のデータははっきりしないが、一八〇七―二八年の間に一〇万一六九三人(囚人に同行した家族を含む)に達している。一八二八―六二年、シベリアに毎年七千人以上、一八六三―八一年には毎年一万五千人が送りこまれた。一八二九―八二年の五十三年間の流刑囚は家族を含めて五三万三六二六人にのぼっている。それは一八七五年でイルクーツク県の総人口の九・四パーセント、エニセイスク県にいたっては二三パーセントに達した。

流刑囚に女性の数が少ないことは、なにもシベリアに限らず、例えばオーストラリアの場合もそうであるが、重大な問題であった。「犯罪のかげに女あり」とよくいわれるが、ひとたび犯罪を犯してシベリア流刑になったものにとって、女性が少ないということは、刑期が終っても家庭をつくる可能性が乏しいことを意味していた。監獄庁のデータによると、一八八二―八六年間シベリアへ追放された者の総数は七万三九人、うち流刑囚は四万七四五〇人(男性四万四六三五人、女性二八一五人)、その流刑囚の家族は二万二五八九人(婦人七〇三〇人、子ども一万五五五九人)であった。これで見ると女囚は男囚の約十六分の一である。

こうして一八〇七―九九年間、シベリアの人口は流刑囚とその家族によって八六万四五四九人、つまりシベリア総人口の六分の一を占めるにいたった。

十八世紀末以後、シベリアはいわゆる政治犯の流刑地でもあった。農奴制に反対して捕えられ、一七九〇年シベリア流刑となったA・ラジシチェフ(一七四九―一八〇二)以後、一八二五年十二月十四日のいわゆるデカブリストの反乱、一八三〇年のポーランド反乱、一八六三年のポーランド反乱の反徒たち、一八六四年のチェルヌィシェフスキー(一八二一―九六)とそれにつづくナロードニキたち、十九世紀末からはマルクス主義者たちがこれに加わった。

この間、一八四五年八月さらにきびしい刑法が施行され、一八八〇年五月にはチュメニからトムスクへ最初の汽船が就航し、毎週七百人の流刑囚とその家族が運搬された。また一八三〇年代に東部シベリアのカラ河岸に金が発見され、一八三八年政治犯を主な労働力とするカラ金山が開かれた。カラ金山は流刑地の中でも最も恐ろしいところとして知られていた。また一八六九年以後サハリン(樺太)が新しい流刑地となった。

私はかつてシベリア鉄道でハバロフスクからモスクワまで旅行したことがある。その途中寝台車の同じコンパートメントに乗り合わせたロシア人の老人が、なにかの話のついでにこう語った。

「私は南シベリアのアバカン市からきたが、私の父親は流刑囚だった。私と私の母親は父親の刑期が終った頃ロシアからここへやってきたのだ。」

私は、流刑囚といえば政治犯であろうと思いこんで質問した。レーニンもスターリンもみな政治犯である。書物には政治犯のことばかりが多い。「政治犯ですか。革命家ですね。」

私は、彼が胸をはって「そうだ」と答えるものと期待していた。しかし彼は、別に臆する風もなしに答えた。

「いや、刑事犯だ。人殺しだよ。」

私は言葉につまった。なんとも二の句がつげなかった。そして考えこんだ。

――多くの書物に書かれている革命家や思想家たちのほかに、ぼう大な数の刑事犯がシベリア流刑に処せられたことは事実である。彼らは人数も多く、しかも経験した悲しみは政治犯たちに決して劣るものではなかったはずである。現在のシベリア土着のロシア人のかなりの部分がこうした人々の子孫であるにちがいない。また政治犯にしても、名もなくシベリアの土に化した人がどんなに多いことだろう。ラジシチェフと言い、デカブリストと言い、あるいはナロードニキと言っても、彼らの多くは裕福な貴族、地主、あるいは雑階級出身で、教育を受ける機会に恵まれたエリートたちではなかったか。刑事犯のほとんどは無学文盲の農民であろう。

彼らが「人殺し」をするまでに、一体どんな追いつめられたことがあったのだろうか。この老人の言葉ははたしてなにを意味しているのであろうか。父親と息子とは全く別の存在だということか。日本では家門の恥としてひたかくしにかくすことを、どうして彼は「堂々と」語ったのだろうか。

そのとき汽車は西シベリアの単調な平原をすでに二日も走りつづけていた。ふたりはいつしか話をやめて、だまって外の景色を見つめていた……。

ヤン・チェルスキーの生い立ち

さてここで、一八六三年のポーランド反乱に加わり、シベリア流刑を機縁としてシベリアにとり憑かれた人々を紹介しよう。まずチェルスキーである。

ヤン・チェルスキーは一八四五年、ヴィテブスク県の裕福なポーランド人地主ドミニク・チェルスキーの子として生まれ、十歳のとき父親と死別し、姉とともに母親の手ひとつで育てられた。チェルスキー自身の回想によると、教育はフランス語、音楽、ダンスなど、どちらかと言えば貴族の女子向きのもので、母国語や歴史は全く無視された。その後学業をつづけるため、ヴィリノ市(現在のヴィーリニウス)にあったシュリャハタ専門学校とよばれる地主・貴族の学校に入った。チェルスキーは理解力と記憶力にすぐれ、しかも朗らかで善良な学生として仲間たちにも親しまれた。しかし当時は、どの学科を専門として選ぶか全くきめていなかっただけでなく、自然科学の分野など、最も貴族向きでない学科としてほとんど無視していた。

一八六三年、十八歳のチェルスキーは、青春の情熱のおもむくまま祖国独立の理想に燃えてポーランド反乱に参加した。そしてポーランド東部の森林中で反乱軍のための食糧輸送にあたっていたとき、疲労と病のために、ロシア政府軍に捕えられた。しかし、年少ということで徒刑囚を免がれ、アムール川中流域のブラゴヴェシチェンスク駐留のアムール大隊の兵隊として追放されることになった。チェルスキーは兵隊服のまま徒歩で西シベリアのオムスクに移送されたが、ここで母親から送られてきた金《かね》を賄賂に使い、アムール川行きの代わりに、オムスクの要塞大隊に兵隊として残してもらうことに成功した。

チェルスキーのオムスク残留と時を同じくして、反徒の資産は一切政府に没収されたため、家からの仕送りも絶えてしまった。これ以後彼はほとんど一切を自分でまかなわねばならなかった。兵営での食事だけでは不足するため、自費で補わねばならなかった。また一冊の書物やノートも自分の小づかいで買うより他はなかった。しかし彼にはその小づかいがなかった。

チェルスキーの勤務は囚人部隊の労働を監視する歩哨であった。彼自身が流刑囚でありながら、仲間の囚人を監視するという奇妙な役目であった。しかしこうした勤務は流刑地ではよくあったらしく、ナロードニキ運動のためにサハリンに追放され、ギリヤク族研究の大学者となったレフ・シュテルンベルグ（一八六一―一九二七）もこうした勤務を長年つづけた。この勤務は軍事教練を受けるわけではなく、非番のときはほとんど自由時間で、各人がなにをしてもよかったらしい。チェルスキーはこの自由時間に、自然科学、とくに地質学、動物学の書物を熱心に読みはじめた。

当時オムスクには教養のあるロシア人やポーランド人が少なくなかった。この中でポーランド人クヴァトコフスキーという人はその蔵書をチェルスキーに自由に貸与し、また後に有名な中央アジア探検家となったG・ポターニン(一八三五―一九二〇)は読書指導のほか生き方の面でチェルスキーに大きな影響をあたえた。シベリア研究者として有名なN・ヤドリンツェフの『チェルスキーの思い出』によれば「当時のチェルスキーにとってこれ以上の指導者を見出すことは困難であった」と書いている。チェルスキーがオムスクでポターニンに出会ったことは、生涯「なにかを求めてやまぬ」人間になるうえで決定的であったと言うことができる。

グリゴリー・ポターニン

ポターニンは十九世紀後半から二十世紀初頭にかけてのシベリア史上、さまざまな分野に名前の出てくる人物である。ふつうはシベリアの民族学とか内陸アジア、モンゴルなどの探検家としてであるが、私がいちばん驚いたのは、日本の参謀本部編『大正七年乃至十一年西伯利出兵史』のはじめにポターニンが登場していることである(以下引用文は平仮名になおし、句読点をつけた)。

大正六年八月、露国第四次革命政府のモスクワに於て政治大会を開催するや、トムスク大学名誉教授にして多年西伯利開発に尽瘁し、同地方住民に多大の信望を有せるポターニンは、西伯利各地より代表者を糾合し、以てモスクワ会議に参列せしめんとせり。然るに西伯利は由来交通不便にして僻陬の地なると住民亦政治思想の幼稚なるが為、其目的を達すること能はざりき。

尋で十一月、過激派政府成立し其暴威を逞うせんとするや、ポターニン一派は再び蹶起し、各地代表を以て西伯利各県州聯合議会を開催し、以て西伯利地方を擁護し、独立自治の基礎たらしめんことを企てたり。

これによると、ポターニンは、ボリシェビキ革命に反対してシベリアの「独立自治」をかざしたことになっている。しかし「将来其希望を達成すべき見込無かりしかば、ポターニンは其初志を抛ちて引退せり」。

グリゴリー・ポターニンは一八三五年十月四日イルティシュ河岸のヤミシェヴォで、シベリア国境コサック(一種の屯田兵)の将校の家庭に生まれた。五歳のとき、父親が上官と衝突して投獄され、兵卒に降等されてしまった。そしてポターニンは、父親が監獄に入っているうちに母親に死別し、天涯の孤児となった。やがて親切な隣人に助けられて、一八四六年オムスク幼年学校に入学、五二年コサック連隊に配属、十八歳のときクリジャ(伊寧)まで旅行して深い感銘をうけた。一八六五年「シベリア自治運動」のかどで逮捕投獄され、三年後に五年間の流刑に処せられた。その後セミョノフ・チャンシャンスキー(一八二七—一九一四)の知遇を得て、一八七六年以後五度にわたる内陸アジア探検を行なった。流刑生活のとき、兄を慰問にきた友人の妹アレクサンドラ・ヴィクトロウナと後に結婚、内蒙古や中央奥地の探検に行をともにしたが、一八九三年第四次探検の途中、重慶付近の揚子江上で彼女は息をひきとった。五十歳であった。彼女の遺骸は棺に納められ、蒙古とロシアとの国境の町キャフタまで運ばれてシベリアの土に埋められた。

一八八五年から数年間、ロシア地理学協会東部シベリア支部の支部長としてイルクーツクに住み、流刑囚の専門家たちを援助したり、その成果を著者名なしで出版したりした(流刑囚は出版の権利を奪われていたから)。また晩年の二十年間は主としてトムスクに住み、地方文化の発展につくす一方、多くの民話資料を整理したり、ぼう大な自伝を書いたりした。

一九〇二年六十七歳のとき、ポターニンはシベリアの女流詩人ワシリエワと恋愛関係におちいった。ふたりの文通はこの年にはじまり、一九一一年(七十六歳)に至って山地アルタイ地方の保養地チェマルで落ち合ってついに結婚した。しかしこの結婚は破綻し、一九一七年訣別した。最後の数年間は視力が減退し、友人たちの好意による口述筆記で文章を書いた。彼は一九一九年トムスクの大学病院で八十四歳の生涯を閉じた。時あたかもロシア革命直後のはげしい国内戦の時期である。彼には子どもはなかった。彼の臨終の言葉がつたわっている。「私はこうして死んでいく。私の生涯は終った。まだまだ生きたい。たいへん面白い。愛するロシアの行末が知りたい……。」

ポターニン探検隊の一員であった地理学者V・オブルチェフ（一八六三―一九五六）は、ポターニンを心から尊敬する一方、彼が極めてロマンチックで現実のことにうとかったこと、また心やさしく、温情にあふれた人であったことを指摘している。なお、彼の著書は多いが、そのうち『西北蒙古誌』の一部が戦時中東亜研究所によって邦訳されている。

図20　バイカル湖沼学博物館にあるチェルスキーの胸像

地質学者チェルスキーの誕生

チェルスキーはオムスクでの歩哨勤務のかたわら天文学から地質学、人類学、骨学などあらゆる分野の基本図書を読破した。これはほとんどロシア語で書かれていたため、彼はその後自分の論文や手紙をすべて母国語のポーランド語ではなく、ロシア語で書くようになったのである。後年チェルスキーが地質学と骨学の分野における第一級の専門家となるための基礎は、このときに形づくられた。

チェルスキーは独学をつづける一方、ポーランド人子弟の家庭教師をつとめて勉学の費用をかせいだ。彼の教え方上手はオムスクでも有名であった。強制移住者を含めて、ポーランドの流刑囚たちはたがいに助け合っていた。望郷の念と共通の運命が彼らを結びつけていた。さらにその一方で、彼は熱心にドイツ語を勉強した。しかし無理がたたって彼はついに病に倒れた。軍医は不信の目を向けて、なかなか勤務から解放してくれなかったが、度重なる検査の後、一八六九年彼はついに軍務を免除され、政治的流刑囚のカテゴリーに加えられた。これは警察の監視のもとにシベリアに留まることを意味し、ヨーロッパ・ロシアへの旅行は不可能であり、シベリア内でも許可なしには移動できなかった。

チェルスキーはそれからさらに二年間オムスクに留まり、家庭教師をして生活しながら勉学をつづけた。またオムスクの市立病院にアルバイトに出かけて、病死した人の遺体を材料に解剖学を学んだ。彼がとくに関心を寄せたのは神経とか筋肉とかの細かい筋であった。この頃彼は、「オムスク周辺の地質学的研究」と題する論文をまとめて、これをモスクワの自然科学同好会に送り、審査のうえ雑誌に掲載してほしいと申し込んだ。これは遠い昔、北極海とアラル海とが結びついていたというフンボルトの見解をくつがえすもので、その論証としてオムスク付近の地層から出る古代の貝類がすべて淡水産であることをあげていた。しかしこの見事な処女論文は、筆者が流刑囚であるということで拒絶され、原稿は返送されてきた。

その頃チェルスキーは、オムスク憲兵隊長あてに「声涙ともに下る」請願書をしたため、カザン大学で勉強させてほしいと願い出た。憲兵隊長はその請願書を読んで涙を流し、ぜひとも要望にそえるように、ペテルブルグの当局あてに添書を書いてやろうと約束した。チェルスキーは期待に胸をふくらませて約一年間待ったが、そのあげく「不許可」の返事に接したのである。彼の失望は大きかった。

そこで彼は、当時東部シベリアの文化的中心地であったイルクーツクへおもむくことにした。旅費がないので、身辺のがらくたや書物をすべて売り払い、着のみ着のままでイルクーツクに着き、その足でロシア地理学協会東部シベリア支部を訪れた。この支部は一八五一年に設置され、シベリアの学問的研究の中心となっていた。西シベリア支部の創立は一八七七年である。チェルスキーの話をきいた書記のウソリツェフ(測量隊の先任者)は深く感動し、支部としての援助を約し、当時支部で地質学的調査に従事していたアレクサンドル・チェカノフスキーを紹介した。またその数週間後には動物学者ベネディクト・ディボフスキーにも紹介された。このふたりとの出会いこそはチェルスキーにとって「運命的」とも言えるものであった。チェカノフスキーもディボフスキーも、ともにポーランド反乱の流刑囚の身分であったが、好運にもその専門を生かして東部シベリアの科学的調査に従事している人々であった。チェルスキーとしては絶好の教師・友人に恵まれたわけである。

アレクサンドル・チェカノフスキー

チェカノフスキーは一八三三年ウォリンスク県クレメンツに生まれた。父親のワウジネツ(ロシア名ラウレンチー)は貴族・地主のための寄宿学校を経営し、自らドイツ語を学生に教えていた。この学校はクレメンツの中・高等貴族学校へ入学するための一種の予備校の役割を果していた。母親はフランス系の女性であったが、体が弱く、彼の幼年期に死別した。彼は幼時から父親によってドイツ語を教えこまれ、後年彼の母親はドイツ人であったとのうわさがまことしやかに流れるほどであった。父親の友人には博物学者が多く、家庭はいつも学問的サロンの雰囲気を呈しており、しかもそうした人々の多くが幼・少年時代のチェカノフスキーに一定の強い影響をあたえた。

ギムナジウムを卒業した後、チェカノフスキーは父親の要望に従ってキエフ大学(当時聖ウラジミル大学とよばれていた)の医学部に入学をした。しかし父親の友人であった植物学者のビリバルド・ベッセルらの幼時からの影響によって動・植物学にひかれはじめ、一八五五年ついに、当時動植物および地質学の輝かしい伝統を誇っていたデルプト大学に移り、生涯の友人となったフリードリヒ・シュミットとベネディクト・ディボフスキーと知り合った。ここで彼は教授とともにエストランドのシルル紀地層の調査を行なった。その結果、地質学を専攻として選び、卒業論文を準備しはじめた。彼は成績優秀な学生として教授や友人たちの期待も大きかったが、突然家庭の事情が悪化し、どうしても学資がつづかなくなった。一八五七年、彼はやむなく大学を中退し、キエフへ帰ってイギリス系の電気技術会社に就職した。しかし地質学を全く放棄したわけではなく、余暇にはキエフ大学の古生物コレクションの整理にあたった。

当時彼は、自分の勤務している会社が電話線を架設していたインドへの旅行を熱心に考えていた。しかしこの希望が実現しないうちに、彼はポーランド独立運動に深入りし、一八六三年の反乱で逮捕投獄された。そして監獄に地下道を掘って逃亡しようとして失敗し、重罪人としてシベリアの鉱山における徒刑労働を宣告された。

トボリスクまで仲間たちとともに徒歩で移送されたが、彼はその間にも、あらゆる可能性を利用して昆虫の標本を採集した。しかし「鋼鉄」の体力を誇っていた彼は、トムスクの手前でチフスにかかり、ひとり隔離されて高熱とたたかった。幸いにして一命はとりとめたが、彼の健康はついに以前のようにはもどらなかった。一八六五年六月、彼は東部シベリアのシワコヴォ村、チタ付近のダラスン部落を経由して、一八六六年秋アンガラ川のブラーツク付近にあるパドゥン早瀬付近に送りこまれた。この早瀬は現在ブラーツク水力発電所の堰堤の築かれている地点である。当時ダラスンで彼に出会った学友のディボフスキーは、明るくて表情豊かだったチェカノフスキーが人が変わったように憂うつになっていたのを見て驚いたと書いている。

パドゥン早瀬付近のタイガ(樹林)では、私自身も一九四六年春から約一年あまり抑留生活を送ったことがある。このあたりは、冬が一年の半分におよび、真冬は零下四〇―五〇度まで下がる。夏はブヨと蚊《か》のために手や顔を出すことができないほどである。食べられるものは秋のキノコや木の実、春のノビル、それにアンガラ川やその支流に多い魚くらいのものである。それも冬は川が厚さ一メートル以上も氷結するので、ほとんど釣ることができない。そのほかクマその他鳥獣は多いが、猟銃がなければなかなか容易には捕獲できない。流刑囚には猟銃は絶対に許されなかった。付近にロシア人の部落はあったが、一八六六年六月、三百人のポーランド人流刑囚の武装逃亡事件がバイカル湖岸で起こっていたため、住民の感情は最悪の状態にあった。

チェカノフスキーらは古い風呂場を住居としてあたえられ、食料その他を買おうにも金はなく、くる日もくる日も餓死とのたたかいであった。

一八六六年末、かつてデルプト大学の同級生で、ペテルブルグの科学アカデミー会員になっているフリードリヒ・シュミットがイルクーツクに出張し、チェカノフスキーの悲惨な状況をきき知った。シュミットは、友人の死を黙視できる人ではなかった。彼は口実をもうけてブラーツクまで足をのばし、食うや食わずの状況にあってなお研究心を失わないチェカノフスキーを見出した。シュミットは彼をはげましただけでなく、パドゥン部落の人々や役人たちにもチェカノフスキーを助けてやってくれるように頼んだ。これはたいへん効果があった。ペテルブルグからきたアカデミー会員がじきじきこの山の中へきて頼むくらいだから、チェカノフスキーはよほど高貴な人だろうと住民たちはうわさしはじめた。彼はここで、この地方の気候、動植物、地質などの系統的調査にとりかかった。

一方、ペテルブルグへ帰ったシュミットは友人のために奔走し、チェカノフスキーは一八六八年イルクーツクへ移され、流刑囚の身分のままロシア地理学協会東部シベリア支部での地質学的研究を許された。物質的な条件もよくなり、彼の生涯で最も実り多い時期がはじまった。一八六八—七二年アンガラ河岸とバイカル湖岸を調査し、はじめてジュラ紀の化石動植物を発見した。彼の調査結果にたいして、一八七〇年ロシア地理学協会から金メダル、一八七五年には彼の作成した「イルクーツク県地質図」にたいし、パリで開かれた国際地理学会議によって第一級金メダルがあたえられた。

図21　A. チェカノフスキー

一八七三—七五年には彼の提案によってレナ川とエニセイ川の地域が調査対象に選ばれ、三七〇〇ルーブルの資金を得て隊員四人で地質学的調査旅行が行なわれた。この間総延長二万五千キロを踏破し、九千キロを地質学的に観察した。収集した化石動植物四千点、昆虫と脊椎動物の標本一万八千点、植物標本九千点に及んでいた。その中には、新発見のものも少なくなかった。また地質学的には、広大な地域にトラップを発見したことは大きな功績であった。一〇八地点の経緯度の測定と五十七地点についての地磁気の観測がなされ、ニジニャヤ・ツングスカ川、オレニョク川、レナ川の流域の空白地帯がはじめて明らかにされた。

一九三四年、著名な地質学者V・オブルチェフはこの成果をつぎのように評価している。

「チェカノフスキーは通算七年にわたる調査によってイルクーツク県南部の系統的研究の端緒をおき、ニジニャヤ・ツングスカ川、アンガラ川の早瀬の多い部分、さらにはオレニョク川、レナ川下流部、ヴェルホヤンスク市付近の地質についての最初のあるいはほとんど最初の地質学的データを提供した。」

チェカノフスキーはこの調査の間ツングース族の道案内に頼ったが、この道案内を通じてツングース語の辞典を編纂した。これは後に科学アカデミー会員シフネルによって整理、出版された。

ロシア地理学協会はチェカノフスキーの抜群の功績にかんがみ、彼の大赦のために奔走した。その結果、一八七五年春、第三課(皇帝直属の特高警察)から協会副総裁セミョノフ・チャンシャンスキー(総裁は皇族)あてに、彼を流刑囚の身分から解放する旨がつたえられ、翌年二月十二日には首都ペテルブルグでの在住を許された。

一八七六年三月、チェカノフスキーは十二年にのぼる流刑生活を送ったシベリアからペテルブルグに移り、科学アカデミー鉱物学博物館にポストをあたえられた。また友人シュミットの推せんによって、地理学協会最高の栄誉とされるコンスタンチン・メダルが授与され、隊員たちもそれぞれ恩賞にあずかった。しかしチェカノフスキー自身は、首都での生活になじむことができず、またもシベリア北方の一大探検計画を提出した。しかし「流刑囚上がり」の学者の輝かしい成功をねたむ勢力も強く、結局許可されなかった。そして、この間のいきさつに疲れはてたチェカノフスキーは極度の神経衰弱におちいり、一八七八年十二月十八日服毒自殺した。ときに四十五歳であった。

ブラーツク付近のアンガラ川小支流にヴィハレワという渓流がある。この流域にあるアンジョブ村は、第二次世界大戦後、私たちが抑留生活を送った頃は素朴な山村であったが、今では新興都市ブラーツクの発展とともに、昔の面影は失われていることであろう。このアンジョブ村が、数年前、不幸な学者を記念して「チェカノフスキー」と改称された。そのほか、彼の名を冠する化石動物十三点、化石植物八点、現生植物四点があり、ヤクート地方北部の長さ三二〇キロの小山脈にも彼の名がつけられている。

ベネディクト・ディボフスキー

ポーランド反乱による流刑四三学者のうち、チェルスキー、チェカノフスキーが地質学者として名をなしたのにたいし、ディボフスキーは生物学の分野で不朽の業績を残した。しかも前二者のような悲劇的な最後をとげることなく、九十七歳の長寿を全うすることができた。

ディボフスキーは一八三三年四月三十日(新暦の五月十二日)ミンスク県(現在のグロドノ県ノヴォグルド郡)の裕福なポーランド人地主の家庭に生まれた。彼の父親は一八三〇年と一八六三年のポーランド独立運動に加わった人物で、ディボフスキーも幼少のときからその影響を強く受けて育った。

また小さいときから、自然の好きな祖母とともに山野を歩きまわり、自然への愛情、旅行へのあこがれを植えつけられた。初等教育は家庭で受けたが、中学校《ギムナジウム》入学のときにはすでに母国語であるポーランド語のほか、ロシア語、ドイツ語、フランス語を身につけていた。

一八四七年ミンスクの中学校に入ったが、ここで数人のすぐれた教師から自然科学と探検にたいする情熱をふきこまれ、一八五三年秋、デルプト大学医学部に入学した。医学と言っても、彼は動物学と水理学に特別の興味を抱いていた。動物学の教授はG・アスムスという学者で、進化論の立場に立ち、またキュヴィエに反対し、ジョフロア・サン・ティーレの熱心な支持者であった。またディボフスキーは、ペテルブルグの動物学博物館の創始者のひとりであるK・

ベルの魚類学の話に興味を抱いた。後年、ディボフスキーが魚類学ですぐれた業績をあげるようになったのは、ベルの影響が少なくないとされている。彼は優秀な学生として教授たちからも注目されていたが、一八五七年、友人の決闘の立会人になったかどで大学を追放され、ロシア国内の他の大学に入る権利まで剝奪された。そこで彼はドイツ治下のヴロツラフ大学に入った。在学中ある教授とともにドイツ国内およびアドリア海を旅行し、主として甲殻類と魚類を調査し、指導教官のE・グルベ教授から高く評価された。

一八五八年大学を卒業、ベルリンに二年間滞在してドクター論文の執筆にかかった。当時彼はダーウィンの『種の起源』を愛読し、大きな影響を受けた。一八六〇年一月、ベルリン大学でドクター論文にパス、翌年その確認を求めてデルプト大学に帰り、バルト海沿岸の魚類を調査して論文にまとめた。ロシア帝国では、ときあたかも、一八六一年二月十九日のいわゆる「上からの」農民改革が行なわれ、期待を裏切られた民衆の不満がつのり、物情騒然としていた。これにともなってポーランド独立運動も燃え上っていた。そしてディボフスキーもまたこの運動に加わり、チェルヌィシェフスキーなどロシア人の同志とも親交を結び、デルプト大学の地下組織にも名をつらねた。一八六一年四月八日のワルシャワのデモで彼は逮捕され、一カ月間監獄に入れられた。

一八六二年彼はオーストリー治下のクラコフ大学の動物学教授として招へいされたが、オーストリーの文部省によって認められず、結局ワルシャワで開校されたばかりの中央学校教師の職をあたえられた。

当時、ポーランド独立運動には「白色派」と「赤色派」があった。「白色派」は一七七二年のポーランドの国境、つまり白ロシア、リトヴァ、ウクライナを含むものと考え、しかも武装蜂起なしで、外交交渉と英仏の干渉によって目的を実現できると考えていた。これは大地主の利益を代表していた。これにたいし「赤色派」は主として小地主、インテリゲンツィア、貴族《シュリャハタ》出身の将校によって形成され、同じく一七七二年の国境を支持していた。白も赤も地主・貴族の特権を保持したままであることに変わりはなく、したがって農民の支持を得ることはできなかった。両者のちがう点は、「赤色派」が武装蜂起の立場に立っていることであった。

ディボフスキーは「赤色派」に属し、「リトヴァ地方委員会」の委員に選ばれ、学校の研究室や自宅を会合に提供した。

一八六三年の反乱勃発以後、彼は逮捕され、死刑になるところを、教授たちの奔走によって十二年のシベリア徒刑に処せられた。

一八六四年八月十日ディボフスキーを含む流刑囚の一団はワルシャワを出発、八カ月後にイルクーツクに着いた。シベリアは彼に深い感銘をあたえた。「この地上にシベリアほどよいところはない。私たちの故郷では、シベリアという地名を聞くだけでふるえあがり、格子のない牢獄と考えている。……ところが実際には、シベリアは学者にとってこの上ない宝庫である。……私はシベリアのうちに、人間をたくましくエネルギッシュな活動に駆りたてる生命と健康の国を見た。」

ディボフスキーはイルクーツクの宿営監獄《エタプ》に入れられたが、ここからシベリアにいる知人、友人たちに手紙で連絡をとった。彼にとって幸運なことには、大学の同窓生R・マーク（一八二五—八六）がロシア地理学協会シベリア支部の書記としてイルクーツクに在住していた。マークのはからいでこの研究施設とつながりができ、その図書室の書物を借り出して監獄で読むことができた。マークはヤクート地方のビリュイ川流域（一八五四年）、アムール川（一八五五年）、ウスリー川（一八五九年）の流域を探検して見事な記録を残した人物である。後年ディボフスキーは回想している。「私はロシア地理学協会東部シベリア支部から学術書を借り出し、これを研究しはじめた。環境は悪かった。喧噪とまずい食事、暗い灯火、ごったがえす囚人たち——これらは読書を妨げた。しかしこれに慣れなければならなかった。」

図22　B. ディボフスキー

一八六五年四月、ディボフスキーはイルクーツクの監獄からインゴダ河岸のシワコヴォ村（チタの近く）へ移された。別れのとき同房の仲間たちに向かって彼は言った。「私は、たとえいつの日か大赦があっても、自分に課した任務を遂行するまでは故郷に帰らない。」

彼はシワコヴォ村へおもむく途中からすでに東部シベリアの動物の研究をはじめた。当時はアムール地方の初期植民の時期で、東部シベリア総督のムラビヨフは、徒刑の期限を終えた囚人を釈放してアムール地方に送りこんだ。ディボフスキーと仲間数人は、やがてチタ県のダラスンに移され、二年間を過ごした。その間、大学時代の友人チェカノフスキーにもここで再会した。ここでディボフスキーは医師を命ぜられたが、イルクーツクの地理学協会支部と連絡をとりながら、仲間の協力を得てこの地方の鳥類、魚類、哺乳類の研究を行なった。

一八六八年七月十六日付で彼は東部シベリア総督あてに請願書を書き、ブラゴヴェシチェンスクでアムール川の魚類調査をさせてほしいと願い出た。この請願書は、そのままに聞き入れられはしなかったが、趣旨を汲んでバイカル湖の生物調査を許された。アムール川は国境であるため、囚人には接近を許されなかったのである。この許可は、マークら友人の助力もあったが、なによりも彼自身の努力によるものであった。ダラスンでの調査結果は、彼のスケッチした図録つきの論文にまとめられていた。それによると、オノン川とインゴダ川には二十属と八科に属せしめられる二十七種の魚類があり、うち十八はこれまで知られなかった新種であった。

一八六八年秋、彼はいったんイルクーツクに帰り、文献によってバイカル湖についての予備知識を得た。そして、バイカル湖は異常に深いため、植物や無脊椎動物が貧しいとするG・ラッデの説が支配的であることを知った。ラッデは当時ロシア科学アカデミー会員の権威者であった。ディボフスキーは、そういうことはあり得ないと予想し、その証明にとりかかった。

ディボフスキーとその仲間のゴドレフスキーはバイカル湖西端のクルトゥク(民家三十四戸)に根拠地をおき、予算がないためにほとんど手づくりの器材を使って、あらゆる情熱をバイカル湖研究につぎこんだ。その結果彼は、この神秘の湖の研究史上不朽の業績を残した。彼の最初の結論は、「バイカル湖の底は、南海におけると同じように、生命がひしめいており」、この湖の動物相《ファウナ》の特徴は、種が豊富であるのにたいし、属と科が貧しいことにある、ということであった。これはペテルブルグの学者たちの間にも大きな反響をよび、賛否両論を生んだ。著名なシベリア学者ミッデンドルフ(一八一五―九四)はディボフスキーの熱心な支持者であった。この頃ディボフスキーは後に有名な中央アジア探検家となったN・プルジェワルスキーとも知り合った。プルジェワルスキーは中央アジア探検のためキャフタへおもむく途中、ディボフスキーのいるクルトゥク部落に立ち寄った。

一八七二年初頭、彼は待望のアムール川、ウスリー川方面への旅行を許可され、ゴドレフスキー、M・ヤンコフスキーとともにアムール川を河口まで下り、沿海州を海岸づたいに船で南下してウラジヴォストクに達し、さらにハンカ湖一帯を調査した。彼以前に日本海岸を調査した学者は一八五四年のL・シュレンク(一八二六―九四)と一八六七―六九年のプルジェワルスキーだけであった。ウスリー方面は一八五五年植物学者のマクシモヴィチと気象学者ヴェニュコフ(一八三二―一九〇一)、一八五九年には前記のマークが調査した。ヴェニュコフは維新前後の日本を訪れた数少ないロシア人のひとりである。これらの人々はすべてすぐれた探検記を残している。

一八七六年末、ディボフスキーはゴドレフスキーとともに流刑囚の身分から解放され、一八七八年十二月、ロシア地理学協会の会員に推挙された。そして彼の願い出たカムチャツカ旅行も許可され、現地での医者のポストのほか、千ルーブルを研究助成金として贈られた。カムチャツカ旅行には、チェルスキーも同行することになっていたが、彼がイルクーツクで結婚したため、実現しなかった。

ディボフスキーは一八七九年七月五日、単身カムチャツカに渡り、四年以上医者として働き、その間三五万平方キロのこの半島を五度調査旅行し、コマンドルスキー諸島を三度訪れた。彼は原住民からは慈父のようにしたわれた。彼がリボフ大学に移った後、コマンドルスキー諸島の住民は彼の七十歳の誕生日を祝して、かつてベーリング探検隊のステラーによって発見された海牛の骨格を贈った。カムチャツカを去るとき、彼の採集したコレクションは六十箱に達し

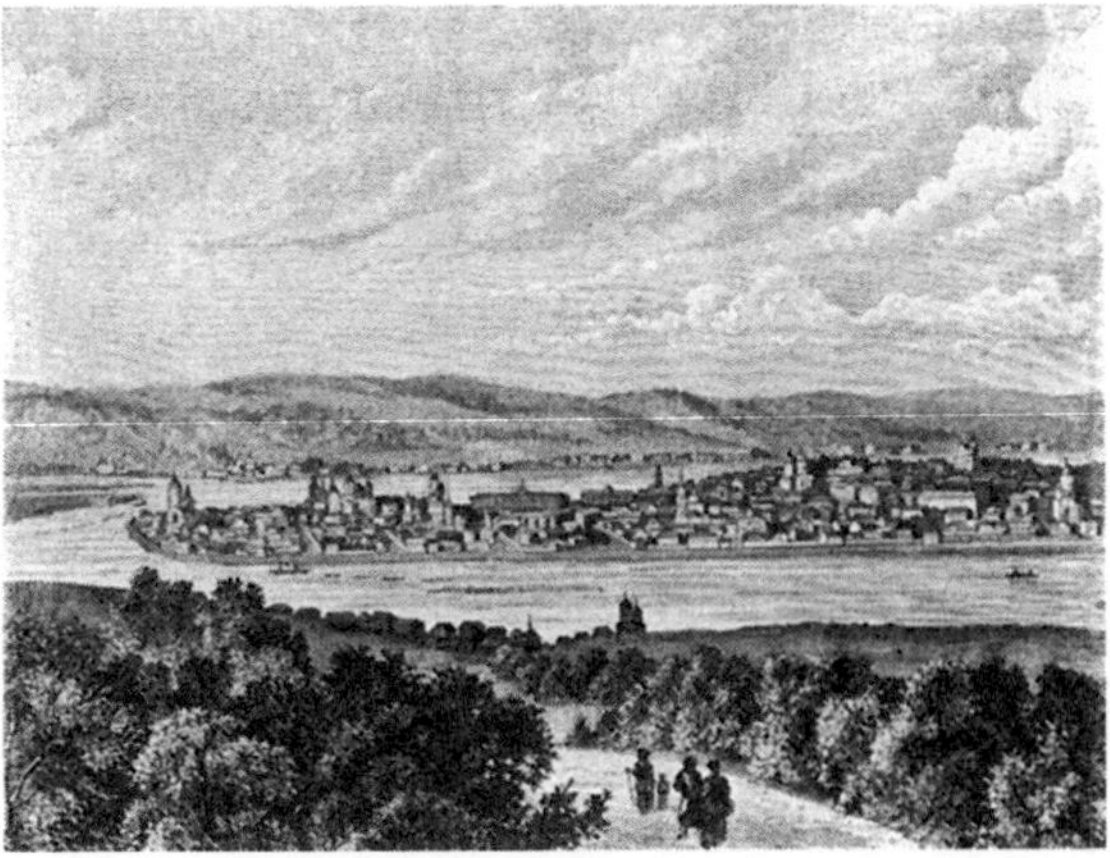

図23　19世紀当時のイルクーツク

た。

一八八四年一月、ディボフスキーは西ウクライナのリボフ大学の動物学教授に招かれ、論文や著作をまとめながら後進学徒の養成にあたった。彼は若い学者たちによくすすめたものである。「私はもはや老いた。君たちは若い。バイカル湖の謎を解くのは君たちだ。……カムチャツカについても多くの研究すべき余地が残されている。」

第一次世界大戦、ロシア革命、国内戦を通じて、大国の中間にあるリボフの町は幾度も帰属を変え、老ディボフスキーも何度か不愉快な目にあわされた。一九三〇年一月三十一日、彼はリボフにおいて九十七歳の波乱の多い生涯を閉じ、同じ町のルィチャコフ墓地に葬られた。死ぬ前の一九二七年ロシア科学アカデミー通信会員に選ばれた。またソ連科学アカデミーに所属するバイカル湖調査船は「ディボフスキー」と名づけられている。このほか、彼の名を冠する動物、魚類、鳥類は多数にのぼっている。

チェルスキーの悲劇的な死

イルクーツクに移ったチェルスキーは人々の心づくしによってわずかな衣類を買い、郊外の農家の一室を借りることができた。彼はこの家の子どもに読み書きを教える代償として薪と食事を無料にしてもらった。昼間はボリシャヤ通り(現在のカール・マルクス街)のつき当り、アンガラ川の岸辺にある地理学協会東部シベリア支部の博物館に通ってコレクションの整理にあたり、支部付属の図書室の一隅にデスクをあたえられた。この図書室は今も博物館内の一隅に残っており、旅行者は自由に訪れることができる。建物は小さいが、東部シベリア関係の地質や動植物、民族に関する基本図書がそろっている。チェルスキーは、やがていくらか収入が増えると、市内に小さな部屋を借りて引っ越した。

チェルスキーはこの博物館と図書室で研究をつづけながら、協会支部の依頼によってイルクート川の上流、サヤン山地方面、バイカル湖方面を地質学的に調査するようになった。チェカノフスキーとディボフスキーはあらゆる面で、彼の師であり、協力者であった。ディボフスキーは旅行先から珍しい動物の骨をチェルスキーに送り届け、研究発表のチャンスをあたえた。

チェルスキーの研究調査活動は極めて多方面にわたり、しかもそれぞれの分野においてひとかどの業績を残した。例えば考古学の分野がそうである。一八七一年彼はイルクーツクのズナメンスコイ地区(アンガラ川の支流ウシャコフカ川の右岸)で、シベリア最初の旧石器時代遺跡を調査した。これはふつう「イルクーツク陸軍病院の遺跡」とよばれている。この遺跡において彼は、チェカノフスキーとともに、野牛、馬、トナカイ、マンモスなど典型的な旧石器時代動物とともに、チョッパーに似た礫器、フリント製の鏃などを発見した。さらに、注目すべき出土品として数々の骨製品があげられる。マンモスの牙でつくられた装飾用の球やさまざまな直径の輪、鏃、表面が刻線で飾られた牙製の管などがあり、また吊り下げるための穴のあるシカの牙も発見された。これらの遺物そのものは一八七九年のイルクーツクの大火で焼失してしまったが、チェルスキーの精密極まる記述のおかげで今日でも出土品の状態を明らかに知ることができる。現代のシベリア考古学者オクラードニコフは書いている。「芸術作品の迫力と豊富さにおいて、この遺跡はマルタおよびブレチの旧石器時代遺跡に似ている。しかしシベリア全土を通じて、この陸軍病院遺跡の骨彫が最も豊かである。……それはマルタのものに比べてはるかに単純であり、抽象的である。」こうしてオクラードニコフは、マルタの文化的潮流とは異なる文化を担ったソリュトレ期の人類が西方からバイカル湖岸に移住したと考えている。

一八七七年、チェルスキーはイルクーツクの洗濯屋の娘マヴラ・パヴロウナ(一八五七―一九四〇)と知り合い、結婚したが、籍の方は七九年における息子アレクサンドルの誕生までのばされた。流刑囚の身分から解放されなかったためであろう。一八七九年三月四日付のディボフスキーの日記にはつぎのような箇所が見える。

「……チェルスキーは私に昼食をすすめた。彼は私に自分の妻を紹介しようと思っているようであったが、彼女の機嫌がたいそう悪く、すでに何日もかたくなに沈黙を守っているというから、それは不可能と思われた。私が、自分の訪問が彼女にとって不快なのではないだろうかとチェルスキーにたずねると、彼は、彼女はすでに一週間というもの誰にも顔を見せないから、紹介は難しい、と答え、〝しかしこれはまもなく過ぎ去ります。彼女は自分のわがままに気づかぬほど無能ではありません。女性はそれぞれに頑固ですが、しかし教育の前には柔軟です。男性の方で方向を誤らなければ、どんな女性からでも天使が生まれます〟とつけ加えた。チェルスキーは地階の一室を借りていたが、奥の方に大きなロシア式ペーチカがあった。もっと上等な部屋を借りるほどの金はなかった。それでもなお結婚せざるを得ないのだ。昼食は、チェルスキーがクルトゥク〔バイカル湖岸の部落〕の私たちのところを訪れるとき、いつも私がご馳走する献立と同じであった。すなわち、塩漬とソースをかけたオームリ〔バイカル湖特産のコクチマス科の魚〕、それにそえられたジャガイモのフライ、カツレツ、野ガモ、プリン、砂糖なしの濃いコーヒーであった……。」

チェルスキーは一八七七年から八一年までバイカル湖岸の地質学的調査を行ない、その成果をバイカル湖岸地質図としてまとめた。これによって彼は、一八七八年ロシア地理学協会から金メダルを贈られた。バイカル湖の調査はその後もつづけられ、前後五年に及んだ。

一八八三年、彼は流刑囚の身分から解放されたが、この頃イルクーツクの地理学協会支部に保存されている大量の動物の骨の研究にとりかかった。しかし一方で、彼の学問的成功をねたむ者も現われはじめ、もともと頑強でないチェルスキーの心身を疲労させた。

一八八五年チェルスキーはバイカル湖からウラルまでのシベリア街道の地質調査を科学アカデミーから依頼され、その終結とともに家族ぐるみペテルブルグへ移住、ロシア地理学協会のもとで資料の整理と執筆活動に専念した。チェカノフスキーの採集した資料の整理、カール・リッター(一七七九—一八五九)著『アジアの地理学《エルドクンデ》』のロシア語訳に付される補巻の執筆、ノヴォシビルスキー諸島でA・ブンゲ(一八五一—一九三〇)とE・トールによって採集された第四紀哺乳動物のコレクションの整理研究などが主な仕事であった。一八八六年彼はリトケ記念金メダルを受賞、年俸三百ルーブルに昇給した。彼は早朝から夜おそくまで、ただひとすじに研究につぐ研究の日々であった。また、研究のためには惜しみなく自費をつぎこんだ。

チェルスキーはシベリア北東部の第四紀哺乳動物を研究しているうちに、この地域にこそ鮮新世以後の動物地理学の諸問題を解決するための鍵がひそんでいると考え、三年間の予定で北東シベリアのヤナ川、インディギルカ川、コリマ川の流域の調査旅行を科学アカデミーに願い出た。隊員はチェルスキーとその妻マヴラ・パヴロウナ、十二歳の息子アレクサンドル、それに剝製係として甥のドゥグラス、この四人だけであった。健康な者でも困難なこの大旅行に病身のチェルスキーが出かけることは、もはや自殺行為に等しかった。友人たちはその無謀をいさめた。しかし彼は断固として一切の発言に耳を傾けなかった。

一八九一年のはじめペテルブルグを出発、ヤクーツクから荷駄隊を組み、世界の寒極とされるオイミャコンを経由して、八月二十八日全部で七戸しかないヴェルフネ・コリムスクに到着、ここで翌年春のコリマ川の解氷まで滞在した。オイミャコンからヴェルフネ・コリムスクへの途中では、それまでの地図で誤って示されていた大山脈を発見したが、これは一九二六年S・オブルチェフ(V・オブルチェフの子)によって確認され、チェルスキー山脈と名づけられた。

この部落での滞在中は、それまでのコレクションの整理、暫定報告の作成などにあたった。彼の観察は多方面にわたり、しかも鋭かった。それは地質学、動・植物学、地理学だけでなく、民族学の分野にも及んでいた。

ヴェルフネ・コリムスク滞在中の、一八九二年三月頃からチェルスキーの病状は急激に悪化しはじめ、咳がはげしく、血痰がまじるようになった。チェルスキーは自分の病状を克明に日記に書きとめたが、それに基づく医者の判断によれば、結核または肺癌の症状であった。そしてヴェルフネ・コリムスクを出発する頃には、もはや自分の死がごく近いことを明らかに予想していた。しかし彼は死を恐れずに予定通りに五月三十一日コリマ川を下った。出発に際して、現地の娘に夢中になって旅行をいやがった甥のドゥグラスを解雇し、忠実なコサック兵ラストルグエフと妻子だけをともなった。妻は今や最も信頼できる助手になっていた。ディボフスキーはその『チェルスキーの生涯』の中で書いている。「……ろくに読み書きもできない、しかも相当わがままな女性を、チェルスキーは、見事な観察能力と学問的結論をひき出せる能力をそなえた科学者に育てあげることができた。……彼の妻は地質学的探検においても彼の助手であった。彼は彼女をそのために準備した。チェルスキーの最後の調査はすべて妻とともに行なわれた。当時彼は、妻の意見をきかずにはなにも決定しなかった。彼はくり返し、自分の妻の能力に驚くと私に語っていた。そして、これまではなんと不公平なことに、女性の豊かな魂を〝ごみと雑巾の山の中〟に埋もれさせてきたが、これは知識の全般的発展のために大きな損失であり、残念なことであると彼は語った。」

死を予測しながらも、チェルスキーは明るさを失わなかった。彼は、政治犯として現地に流刑になっていたシャルゴロドスキーにこう語った。「私は、私たちのパレスチナとも言うべきこの地で死ねることを喜んでいます。多くの年月の後、ある地質学者が私の遺骸を見つけ、それをなにかの目的で博物館に納めるかも知れません。そのようにして私は永遠に残るかも知れません。」

チェルスキーは一八九二年六月二十五日、コリマ川を下る小舟の上で息をひきとった。四十七歳であった。そのときの状況をチェルスキーの妻はつぎのように書いている。

「夫が息をひきとったのは、探検隊がコリマ川を小舟で下り、両岸の低い、荒涼とした地域へ出たときでした。この付近ではしばしば暴風が荒れ、コリマ川上流一帯の樹木を吹き倒し、川面にはげしい波をたてるのですが、私たちもこうした暴風に出会い、やむなくコリマ川の一支流プロルワ川に避難しました。私たち一行はここで、暴風の静まるまで四昼夜を過ごしました。

私たちは夫の遺骸をどこか集落の近くに埋めたいと思い、嵐のやんだ後すぐに行動を起こしました。オモロンという場所の近くで舟をとめ、流木をさがして棺のようなものをつくり、その中へ夫の遺骸を納めました。それから墓を掘りはじめましたが、半アルシン(一アルシンは約七一センチ)ほど下は凍土であり、シャベルは役に立たず、鉈で掘ることになりました。」

オモロンという場所は、コリマ川の支流オモロン川の河口付近にある。この川は、ふつうのソ連地図にものっている。ソ連の詩人・作家アルダン・セミョノフ(一九〇八年生まれ)は一九三八年にいわゆる「血の粛清」で無実の罪で逮捕され、十五年間シベリア北東部のコリマ川流域で流刑生活を送った。そしてチェルスキーの生涯に深い感銘を受け、自らの経験をおりこんで『チェルスキー伝』を書いた。また彼自身、チェルスキーの葬られているオモロン川流域に住んだことがあり、つぎのような詩を書いた。

もしも君がオモロンにくれば、
――そういう名の怒れる川がある、
タイガが私のことを語るだろう、
氷の岸辺が君に語るだろう。

私たちはオモロンの岸辺で
吹雪と夜半の寒さをしずめ、
峡谷で金を見つけ出し、
渓谷で町を建設した。
しかし君たち、若い女性について、
いつもいつも思い出した。
君、六月にオモロンに旅してみないか。

そこで君は見るだろう、草が熟《う》れ、
血のような花の咲くのを、
そして私たちのにがい栄光と

錆びない夢の証人を――。

私たちはこのさい果てから抜け出て、
自分たちの女性のもとに帰れる日を夢みた……。
私の頭の中で木々がさわぎ、
極寒は煙のように濃縮される。
私には、タイガにかかる満月と、
黄金色のせせらぎと湿った深い谷が夢にあらわれる。
君、六月にオモロンを訪れてみないか。

ソ連の学者S・オブルチェフは書いている。「チェルスキーは、たゆみなく努力する学者、科学に殉ずる学者であると同時に、比較的稀にしか見られない英雄的学者のタイプに属する。……私は彼が、一九二七年ソ連邦地理学協会によってシベリアの大山脈のひとつにあたえられた〝チェルスキー山脈〟の名によってだけでなく、さらに人間として深く知られることを望んでやまない。」このほかバイカル湖岸最高の山(標高二五七二メートル)もチェルスキーの名を冠している。

6　まぼろしの島に魅入られた学者
――地理学者・探検家エドゥアルト・トール――

北東シベリアのヤクーツク市は、日本の八倍もある広大なヤクート自治共和国（ヤクーチヤ）の首都として、経済や文化の一大中心となっている。中でもソ連科学アカデミーに属するヤクーツク地質学研究所は、豊かな天然資源の調査、開発と関連して活発に活動している。この研究所に付属する博物館はヤクーツクの建物らしく、窓も入口もすべて三重窓であるが、内部の面積も広く、展示物も実に豊かである。ここには南アフリカのキンバリーの鉱床に似たダイヤモンド鉱床の模型や金鉱、鉄鉱、銅鉱、石油などほとんどあらゆる地下資源のさまざまな見本が展示されている。珍しいものでは、一九七一年に発見された体毛七〇センチに達するマンモスの脚もあった。太いシュロの幹のような感じがした。また、考古学者モチャノフとその妻フエドセエワが熱心に発掘・研究中のヤクート地方の見事な石器もここに保存されている。

この博物館の壁面には十八世紀から現代までヤクート地方の研究につくした学者たちの肖像画がかかっている。十八世紀のグメリン、十九世紀のミッデンドルフ、チェルスキー、チェカノフスキー、現代のソボレフ(ダイヤモンドの存在を理論的に証明した人)、その他である。私は一九七三年十月ヤクーツクを訪れたときこれらの肖像画を見て、まるで旧知の人々に出会ったようななつかしさをおぼえた。私がシベリア研究史の書物の中でしばしば出会う人々であったからである。私がここで紹介しようとする地理学者・探検家エドゥアルト・トールもその中のひとりであった。

トールの生い立ち

トールは一八五八年三月十四日、今のタリン(当時レヴェリとよばれた)の裕福とは言えない男爵家に生まれた。彼が文献の中でしばしば「バロン・トール」とよばれるのはそのためである。父親が五十八歳のときの子どもであった。トールは幼年時代を故郷の町で送り、十一歳のときからタリンの小学校で学んだ。一八七二年十四歳のとき父親と死別し、母親とともに大学で有名だった町ユリエフ(現在のタルトゥ、ドイツ名でデルプトともよばれた)に移った。一八七八年トールは、有名な学者ミッデンドルフやベル、ブンゲ、ディボフスキー、チェカノフスキーなど多くの傑出したシベリア学者を生んだデルプト大学の自然史博物学科に入学した。トールはそこで鉱物学、医学、一八七九―八二年には動物学を熱心に研究した。また学生のときエストニアの大学者K・グレヴィンクの講義を聞いて地質学にも特別の興味を示した。しかし若いトールが最も熱中したのは生物学であった。

大学を卒業したトールは、大学の動物学教授M・ブラウンにしたがって地中海岸の学術調査におもむいた。一八八二年、彼らはアルジェリアおよびバレアレス諸島の海岸を訪れ、学術調査は主としてメノルカ島で行なわれた。トールはここで、ブラウンの指導のもとに動物相《ファウナ》とバレアレス諸島の地質を調査した。帰国後トールは博士候補《カンディダート》論文を提出、大学付属の動物学研究所の実験室助手《ラボラント》として研究者の道に入った。トールの学問的興味は多方面にわたっていたが、地質学、とくにバルト海岸に多いシルル紀の動物相に関心を寄せた。当時この方面の権威はロシア科学アカデミー地質学博物館長、アカデミー会員フリードリヒ・シュミットであった。シュミットはトールの論文を見て、その誠実な研究態度に好感をもった。

図24　E. トール

　一八八三年、北極にたいする国際的関心が高まっていたとき、ロシア地理学協会はシベリア北方の調査計画を立てた。これは二年間で「東部シベリア北方の北氷洋岸、とりわけレナ河口からヤナ川、インディギルカ川、アラゼヤ川、コリマ川の河口などにわたり、ノヴォシビルスキー諸島一帯の海岸にはとくに重点をおく」ものであった。探検隊長にはトールより七歳年上の医者A・ブンゲが任命された。

　一八八四年春、トールはこの探検隊員に加えられ、その準備のためペテルブルグの科学アカデミー地質学博物館に派遣された。これはトールが学者としての大道に立つ第一歩であったが、かげで彼をひきたてたのは、生涯独身を通し、後進の養成ひとすじにつくしたフリードリヒ・シュミットであった。シュミットはトールのために自宅の一室までも提供した。この人物のことはすでに、チェカノフスキーの項で紹介ずみである。

探検隊は一八八四年十二月ペテルブルグを出発、イルクーツク、ヤクーツクを経由して一八八五年四月三十日、シベリアでの出発点であるヴェルホヤンスクに着いた。トールはヤナ川下流一帯の地質学的調査にあたり、三畳紀《トリアス》の海成層を発見した。後にシベリア地質学者V・オブルチェフはこの発見に基づいて、三畳紀のノリアン期に海が最大に南方へ広がって、「低いヴェルホヤンスキー山脈を沈め、アルダン川流域に達した」との見解を発表した。またこの調査旅行中の一八八六年三月、ポール・ユリャフという場所でマンモスの遺体を掘り出し、その後彼がマンモスの生息した時代の動・植物相、気候などに関心をもつ端緒となった。

一八八六年五月一日、トールはヤクート族の道案内人ふたりとともに、大陸部のチャイ・ポワルニャから氷上を犬橇を利用してノヴォシビルスキー諸島の大リャホフ島に渡った。ここで彼は自ら「化石氷河」と名づけた古代氷河の痕跡を発見した。この化石氷河をめぐる諸問題の研究はトールの重要な学問的貢献のひとつとされている。隊長のブンゲも少しおくれてカチョルヌイ島に渡ったが、このとき三年前にこの地で死んだヤクート族猟師三人の遺骸を発見した。その痕跡から判断して、最後に死んだ人は、先に死んだ仲間の死肉を食べたことが明らかであったという。

トールとブンゲはいったん出会った後、再び別々に行動して調査をつづけ、十一月十日大陸の基地に引き返した。しかし、その少し前の八月十三日の昼前、カチョルヌイ島の北端にあったトールは、伝説的な「謎の島」サンニコフ島をはじめて目撃した。人間の一生にはその生涯を決定するような運命的な出会いがあるような気がする。人間と人間の出会いもそのひとつであろう。学者トールとサンニコフ島との出会いもまた運命的なものであった。

サンニコフ島の出現

この島の歴史はトールの時代より七十年前にさかのぼる。十九世紀のはじめ、シベリア北方の北氷洋上でつぎつぎに新島発見のニュースが首都ペテルブルグにもたらされたが、その島の正しい輪郭も位置も正確にはわからなかった。また、そのほかにどんな未発見の島々があるかも不明であった。そこでロシア政府は、自然科学の素養のある人物を長とする探検隊派遣の必要を痛感しはじめた。

ちょうどその頃、探検隊長にあつらえ向きの一人物が現われた。デルプト大学医学部の卒業生、ゲデンシュトロム(一七八〇―一八四五)という政治犯である。当時のロシア宰相ルミャンツェフは彼に、流刑地におもむく代わりに、北氷洋の島々の調査をすすめた。ゲデンシュトロムは、体はそれほど丈夫ではなかったが、極地における調査活動がどんなにつらくても、不自由な流刑生活よりはましであろうと考え、また成果によっては大赦の可能性もあることを期待して、宰相の提案を受諾した。

ゲデンシュトロムはイルクーツクの東部シベリア総督の指揮下に入り、三名の隊員をともなって一八〇八年十一月十八日ヤクーツクを出発、翌年二月五日ヤナ河口の集落ウスチ・ヤンスクに着いた。ここで彼は幸運にも、極地生活のベテランであるツングース族の猟師ヤコフ・サンニコフを道案内に加えることができた。サンニコフは長年極地を生活の舞台とし、毛皮やマンモスの骨を採取しながら、一八〇〇年ストルボヴォイ島、一八〇五年ファデエフ島、ついでノヴァヤ・シビリ島を発見するという抜群の実績をもっていた。ゲデンシュトロムの任務は、このサンニコフの献身的協力のおかげでほぼ達成されたと言っても過言ではなかった。

ゲデンシュトロムはその調査結果を「最新シベリア地図」にまとめたが、北氷洋上でサンニコフとともに望見した三つの新島についてつぎのように考えた。

第一の島。これはふたりがノヴァヤ・シビリ島のカメンヌイ岬から見たものであるが、ゲデンシュトロムは、それが氷山であるかも知れないと考え、あえて地図に記載しなかった。

第二の島。ゲデンシュトロムはその地図上のカチョルヌイ島北西方に、中央に山のそびえている島の形を描き、そのそばに小字で「サンニコフの見た島」と書きこんだ。

第三の島。これはサンニコフがノヴァヤ・シビリ島の北西岸から望見したもので、地図上にはファデエフ島とノヴァヤ・シビリ島の北方に点線で示され、同じく「サンニコフの見た島」と書きこまれた。

それから約七十年後、この三つの島のうちふたつまでは実在が証明された。すなわち、一八八一年アメリカの北極探検家ジョージ・デロング(一八四四―八一)によってベンネト島、ゲンリエッタ島、ジャンネタ島が発見されるが、ロシアの地理学者グリゴリエフは、ベンネト島がゲデンシュトロム地図の「第三の島」であり、ゲンリエッタ島が「第一の島」であることを指摘し、「第二の島」も必ず存在するにちがいないと主張した。

猟師サンニコフから七十余年後の八月十三日、ゲデンシュトロムと同じ大学を出た学者トールは、カチョルヌイ島北端のモグル・ユリャフ河口からサンニコフの見た第二の島を「見た」のである。彼はその日の日記に書いた。「一四―一八度の北東方面に、台状になった四つの山形を見る。この山々は東の方の低い部分で結びついていた。」トールはその台状の山も玄武岩層であろうと予想し、またカチョルヌイ島からサンニコフ島までは一五〇―二〇〇キロと目測した。

その夕方、宿営の天幕の中で、犬橇用の犬を世話する役目のツングース族ジェルゲリにトールはきいた。ジェルゲリはこれまで七度ノヴォシビルスキー諸島で夏をすごし、数年つづけて謎の島を見たことがあった。

「あの島に行ってみたいと思うかね。」

すると彼は断固とした調子で答えた。

「だんな、一度あの島の土を踏めば、死んでもいいと思いますよ。」

トールはここで考えた。もしもノヴォシビルスキー諸島の北方に陸地が存在すれば、アジア北方の地質を知るためだけでなく、極地の地質学的諸問題にたいする解答も見出せるかも知れない。

トールは、カチョルヌイ島の北端からひとたび自分の眼でサンニコフ島の輪郭を見てからというものは、少なくともこの問題について彼本来の科学者的冷静さを失った。彼はこれ以後、ますます熱心な極地研究者となったが、謎のサンニコフ島が彼の脳裡をはなれることはなかった。

ブンゲ探検隊から帰還した後、トールは約六年間報告書作成に没頭し、多くのすぐれた論文を発表して世界的に認められるようになった。

彼の研究は極地だけでなく、地球の歴史に関する諸問題にわたっているが、一例として二、三紹介してみよう。第一には、彼が昔の氷河の痕跡と考えた「化石氷河」と第三紀以後の哺乳動物の問題である。化石氷河は厚さ数十メートル、層状になっていて、「生長」もせず、減少もしなかった。また彼はノヴァヤ・シビリ島で十五種の化石植物を発見したが、この中には湿地性のイトスギ、ポプラ、数種類のマツなどが含まれていた。トールは、こうした化石植物群とグリンランドおよびアイスランドの第三紀植物相《フロラ》とを比較して、古第三紀《パレオゲン》(氷期時代より前の時代)初頭の極地の気候は暑かったとの結論に達した。すなわち、現在は年平均気温は零下二〇度であるが、当時はプラス八—一二度であったとのべている。

一八九二年、トールはロシア科学アカデミーから、ヤクーチヤ北部のスヴャトイ・ノース岬付近で発見されたマンモス屍体の調査を依頼された。この問題について彼はつぎのように書いている。「私は地質学者として、また隊長補佐としてブンゲ探検隊に参加したが、今や自分の調査活動をつづけ、以前の調査を補うことのできる機会にめぐまれた。つまりマンモスの研究である。その外形とか剝製入手の問題ではなく、マンモスおよびそれと同時代に生きた動物の地学的状態を明らかにするという問題である。これはマンモスとともに人類の最初の痕跡が現われた時代であり、したがって人類にとって重大な意義をもち、その最終的解明のための新データが期待されているのである。」

彼が調査旅行に出発する直前、かねて親交のあったノルウェーの探検家ナンセン(一八六一—一九三〇)から依頼されていた仕事に取り組んだ。この依頼というのは、犬橇用のイヌを調達し、またナンセンの探検船フラム号が沈没する場合のことを考えて、ノヴォシビルスキー諸島のどこかに糧秣倉庫を建てることであった。そして彼はナンセンの期待に十分答えた。

一八九三年四月、トールは五人の同行者とともにマンモス屍体の発見地に到着したが、残念なことに時すでに遅かった。残されていたのは、下顎と少量の脳髄を含む頭蓋骨、それに毛のついた皮の切片だけであった。

トールが氷を渡ってノヴォシビルスキー諸島の大リャホフ島に着いたとき、予期しない豪雨に見舞われた。七年前この地へ来たのもほぼ同じ時期であったが、そのとき零下二四度の寒さであったことに比べると、天候の違いは驚くほどであった。雨につづいて吹雪が荒れ、その後に暖かい無風の晴天がやってきた。見渡すかぎり一点の影もない白一色、それが夜のない、昼だけの世界となって輝きつづけた。その白さは眼に痛かった。トールは上天気のうちにカチョルヌイ島北岸に達し、サンニコフ島をもう一度確かめたいと思った。空にはプノチカとよばれるホオジロに似た小鳥が囀り、トールの故郷のヒバリを思い出させた。やがてカモメ、ガン、シギなどの鳥も現われ、ツンドラの長い冬の沈黙を破った。やがて雪が解け、ここかしこに黄色い地はだが露出しはじめた。彼はナンセンのために糧秣基地をつくるかたわら、何度かカチョルヌイ島北岸に出かけてサンニコフ島をながめたが、その都度濃霧に妨げられて島影を確かめることはできなかった。

トールの探検隊は、一八九三年十一月に調査を終えるまで、四百キロの海岸線を測量し、三十八地点の経緯度を定め、多くの地質学的調査を行なった。彼はペテルブルグに帰ってその調査結果をまとめ、ノヴォシビルスキー諸島の地質構造、化石氷河の性質などについて重要な報告書を提出した。マンモスについて彼は書いている。

「ノヴォシビルスキー諸島では、マンモスは広大な自由な空間をさまよっていた。その空間は今の大陸と結びついており、北極を越えてアメリカのアルヒペラグ〔島々〕に達し、グレッチェル〔氷河〕にもかかわらず牧草に不足しなかった。大陸の細分化と冷たい海流は気候を変え、陸地の沈下と同時に大量の雪の堆積が減少し、寒さがきびしくなった。植物相《フロラ》は死滅し、動物が広大な空間を自由にさまよえる可能性は奪われた。多くの動物の中のひとつ、ジャコウウシだけが生き残り、かつての彼らの広大な故郷の廃墟ともいうべきグリンランドやエルズミア島に残っている。」なお、トールはマンモスなど大型哺乳動物が死滅したのは、その体についた微生物のためであると考えた。

彼の調査報告は学界から高く評価され、ロシア地理学協会からプルジェワルスキー記念メダルを授与され、またロシア科学アカデミーとノルウェー政府から賞金や勲章を贈られた。

一八九六年八月、トールはロシア地理学協会の依頼を受けて、北氷洋横断に成功したナンセンに祝辞を贈るためノルウェーを訪れた。ナンセンはトール探検隊の助力に感謝し、サンニコフ島についてはつぎのように語った。すなわち、ノヴォシビルスキー諸島の北方、ほぼサンニコフ島の予想位置付近を通過し、シギの群に出会った。彼はこれによって島が遠くないと判断したが、すでに長い極地の夜がはじまっており、しかも濃霧のために島を確認することはできなかった。「おそらくこの島はあまり大きいものではなく、その位置はいずれにしても、それほど北に寄っているとは考えられない。」ナンセンのこの見解によって、サンニコフ島の実在に関するトールの信念はいっそう強められた。

ノルウェー滞在中はスカンジナビアに特徴的な氷河の痕跡を調査した。また帰国後は、いったん故郷にひきこもり、ノヴォシビルスキー諸島の地質学的概説を執筆した。一方、九五年と九六年バルト海沿岸一帯の氷河の痕跡を調査し、氷河底の融氷水流によって形成されるエスカー(堤防状の地形)の起源についての仮説を、ド・ゲールという学者と同時に提出した。この説は現在も一般に認められている。

サンニコフ島探検への出発

一八九八年四月十五日、トールはナンセンも出席していたロシア地理学協会の会議にサンニコフ島探検の計画書を提出した。勿論、サンニコフ島の発見だけでなく、シベリアの北氷洋岸やノヴォシビルスキー諸島の調査もそのプログラムに入っていた。彼はサンニコフ島の位置をカチョルヌイ島北方約一五〇キロと想定し、その南岸が北緯七七―七八度、東経一四〇度に位置するものと考えた。彼はその計画書をつぎの言

図25　北氷洋探検船ザリャー号

葉で結んだ。「十九世紀はまもなく過ぎ去るが、初期のロシアの探検家たちの多くの犠牲によって明らかにされたロシア北方の科学的研究の分野には、まだまだ多くのなすべきことが残されている。ロシア人こそが他国の人に先んじてこれを完成すべきである……。この事業の開始後二、三年間のうちに、シベリア北方の海域に残されている唯一の島——サンニコフ島が明らかにされるものと信じている。」ナンセンも、ロシア地理学協会副総裁セミョノフ・チャンシャンスキーもこの計画を支持した。

トールの計画は科学アカデミーによって認められ、ロシア政府に必要な費用が申請された。その申請書の一節にはつぎのように書かれてあった。「サンニコフ島探検隊は、今やわがシベリアおよびその北方にある島々、その海域の資源の実態を研究するうえでとくに時宜を得たものと言うべきである。なぜなら埋蔵されたマンモスの骨や豊かな動物のことは、すでにアメリカやドイツの商社の関心をよびつつあるからである。外国人は、北氷洋の島々を獲得することによって、わが国の損失において彼らの狩猟上の富を確保でき、わが国に隣接した外国領土としてもろもろの困難をつくり出すことが考えられる。……ノルデンショルトによって示された道〔北氷洋航路のこと〕は近い将来貿易航路となり、もし今にしてわが国がこれを確保しなければ、外国人が事業上の基地や救護センターを設け、漁業や海獣猟のほかシベリアの河川を経由する商業を手中に収めることになるであろう。このことはシベリア鉄道の開通後はかり知れない意義をもつにいたるであろう。これらのことを考慮すると、トール男爵の提出したノヴォシビルスキー諸島およびサンニコフ島探検の計画は、学問的な興味のほかに、重要な国家的意義をもっている。それ故にこそ、その可能なかぎり早い実現が望ましいのである。」

洋の東西と時代のいかんを問わず、こうした探検の計画書、申請書の内容には共通した要素がみられる。すなわち「重要な国家的意義」の強調である。ロシア政府の大蔵省から、ほとんど反対もなしに一万五千ルーブルが支出され、最新の技術で装備された科学アカデミーの調査船ザリャー(あけぼの)号が購入されることになった。

この探検にたいして世界の学界から重大な関心が寄せられた。ナンセンはトールにあてて、シベリア北方の地質および北氷洋の海岸について自分の見解と要望をのべた長文の手紙をよせ

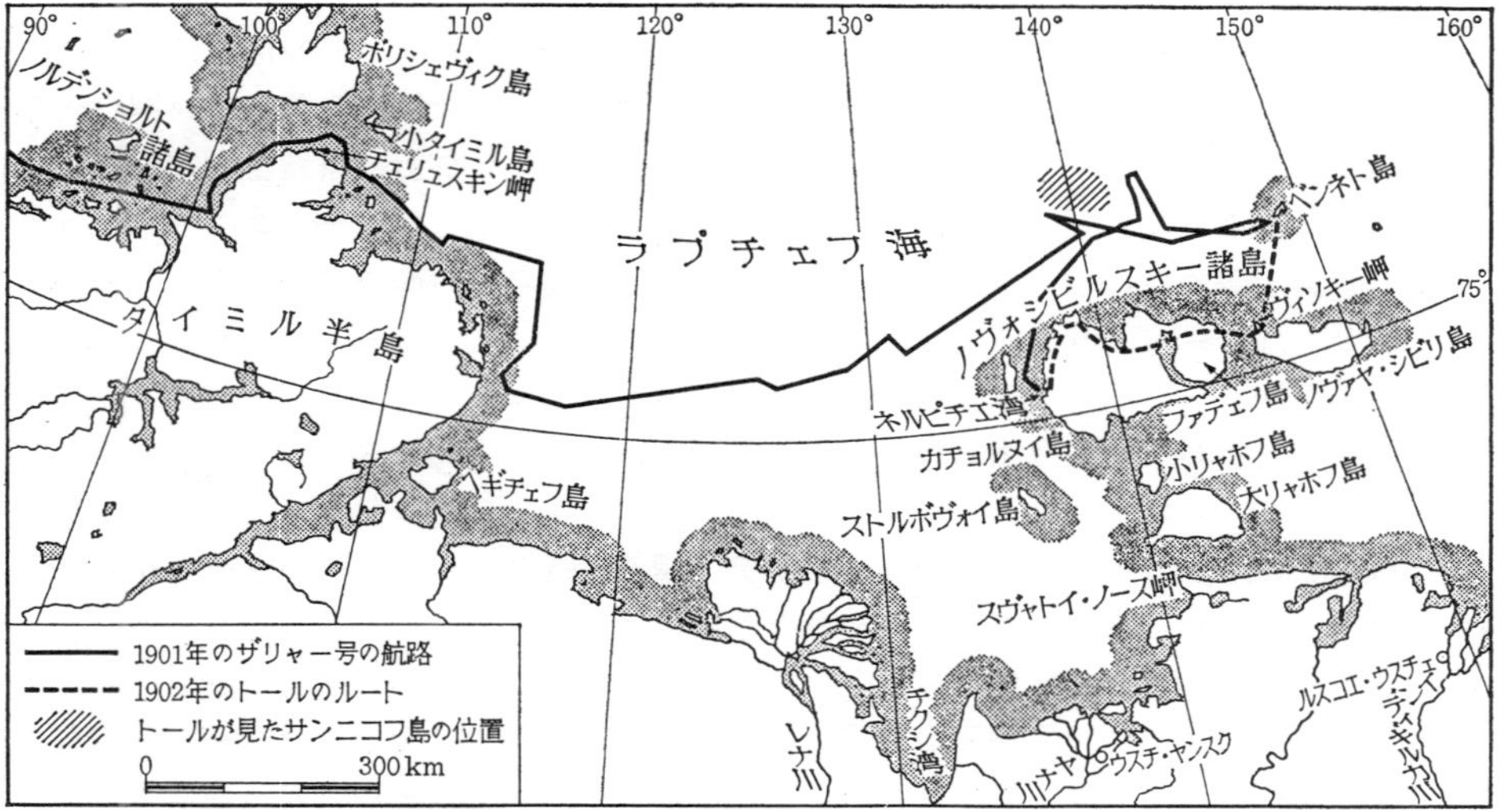

図26　1901年のザリャー号の航海

た。

トールの計画では、まずザリャー号によってシベリア北方のチェリュスキン岬に達し、タイミル半島の東岸または西岸で越冬、その間地磁気と気候の観測所をつくり、シベリア北岸一帯をくわしく調査するつもりであった。翌年夏、サンニコフ島とベンネト島の調査にあたり、ベーリング海峡経由でウラジヴォストクに帰還する予定であった。航海および越冬の期間を通じて、海洋学、動物学、地質学、地球物理学、気象学などに関する多くの調査が予定されていた。

探検船ザリャー号は蒸気機関と帆の両方を装備した積載量四四三トンの船であった。探検隊員には、ロシアだけでなくヨーロッパ各国からも希望者が多かったが、トールのほか動物学者ビャリニツキー、天文学者ゼーベルグ、医者ワルテル、海軍士官コロメイツェフおよびマチセンが選ばれた。乗組員を含めた探検隊の総数は二十人で、その三年分の食糧が積みこまれた。

一九〇〇年六月二十一日、ザリャー号はペテルブルグを出航し、八月の初めカラ海に入った。この頃から科学的調査を開始し、タイミル半島西方にあるノルデンショルト諸島の調査では四十以上の島々を地図に記入し、それぞれの島にロシアや外国の著名な人物名を冠した。ここで第一年目の冬を迎え、タイミル半島のコリン・アルチェル湾(北緯七六度〇八分、東経九五度〇四分)の地点で越冬することになった。しかし残念なことに、この時までに石炭が予想以上に消費された。燃料はあと二十昼夜航海できる分しか残されていなかった。トールの言葉によると、「サンニコフ島までがせいぜいで、それから先は一歩も動けない」状態であった。

翌年四月、トールは数名の隊員をともなって上陸し、タイミル半島突端のチェリュスキン岬まで四十一日間の陸上調査旅行を行なった。その後ザリャー号にもどってラプチェフ海に入り、調査をすすめながらサンニコフ島の予想位置へ向かって進んだ。九月九日、船が北緯七六度四五分、東経一三九度にあったとき、トールは付近の海の浅いことをみとめ、これが陸地の近い徴候であると判断した。サンニコフ島の出現の決定的瞬間が期待された。しかしこの日、船は強力な氷帯にぶつかり、濃霧に妨げられた。船は氷帯の縁辺に沿って北へ移動し、サンニコフ島の予想位置である北緯七七度〇九分、東経一四〇度二三分を通過したが、ここでも船は氷塊に妨げられた。トールは、謎のサンニコフ島はこの氷塊のかなたにかくされていると考えた。彼は一九〇一年九月十日の日記につぎのように書いた。「サンニコフ島はどうしたのか。あの氷塊の向こうにあるのだろうか。今日のような濃霧ではなにも見分けられない。視界のよく晴れた日が必要である。まずベンネット島へ向かい、氷のない海面を利用して島の西岸沿いに北東方に至り、南西風が氷塊を追いはらうまでそこに上陸して待とうと思う。もしこのことが実現すれば、あるいはゲンリエッタ島で越冬するのに適当な湾が見つかれば、そこから橇または皮舟でサンニコフ島の確認におもむくこともできよう。しかし、どうも暗い予感がしてならない……。まあ、このくらいでよそう。」

九月十一日夕方、ザリャー号は霧に悩まされながらベンネト島を見つけた。その夜冬の到来をつげる赤黄色の極光が暗い空にあやしく輝き、海面にはこの冬初めて薄氷が張った。翌朝も霧のためにサンニコフ島の存在を確認することができず、また氷塊に妨げられてベンネト島に着岸することもできなかった。そのうちにザリャー号のボイラー清掃の時期がせまり、やむなくカチョルヌイ島へ引き返すことになった。

サンニコフ島発見の最初の試みが徒労に終ったことは、トールをはじめ隊員たちをひどく落胆させた。このつぎの航海では成功の見込はあるだろうか。なんの保証もない。そして、トールが自ら少数の隊員とともにベンネト島に上陸し、そこで越冬するという計画が立てられたのはまさにこのときのことであった。トールはサンニコフ島発見の希望を捨てなかった。まぼろしの島が姿をかくそうとすればするほど、このロマンチックな探検家の執念はますますはげしく燃え上った。「私にはやむにやまれぬひとつの意志がある。前進、ただ前進あるのみ」と彼は日記に書いた。しかし寒さは急にきびしくなり、海面が氷結しはじめたので、ザリャー号はカチョルヌイ島で二度目の越冬態勢に入った。トールのベンネト島上陸もまた延期された。

翌一九〇二年の春がきた。彼はベンネト島上陸の準備を入念にはじめた。五月十六日の日記にはつぎのように書いた。「遠い故郷では木々が葉を開き、緑の衣をつけたことであろう。単

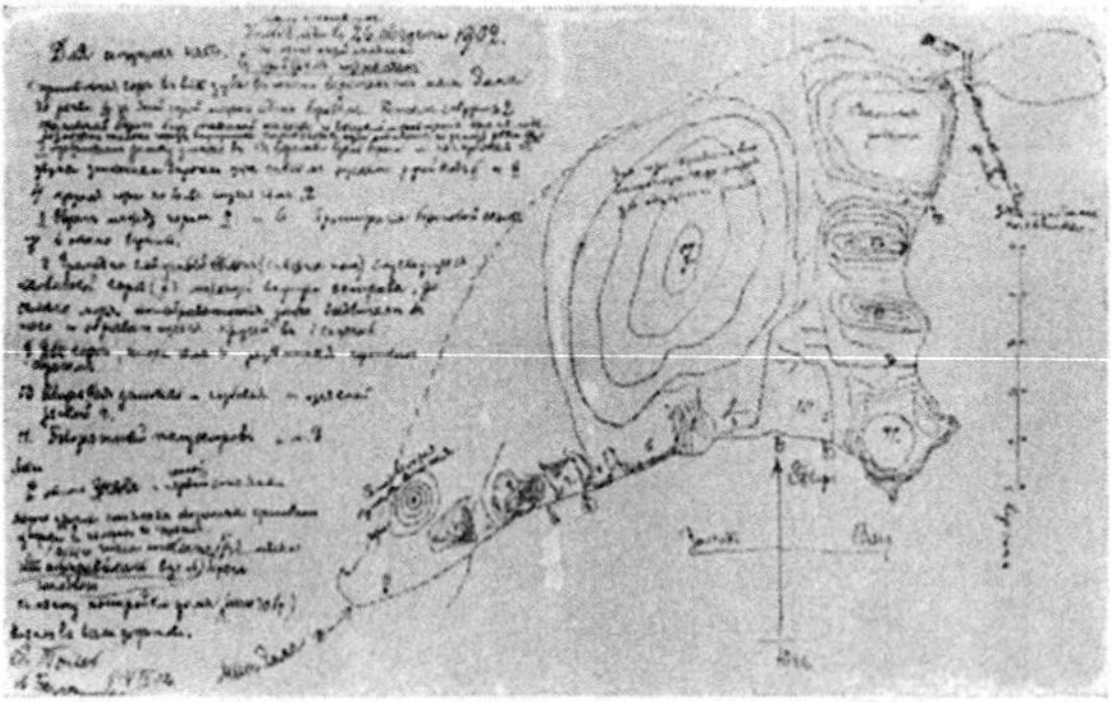

図27　E. トールの最後の手記「私たちを探す人のために」

調な日々の生活から訣別したくないと考える人々は家郷にとどまったらよいだろう。しかし私の心中には調査旅行への熱情がたぎっている。私はまる一週間を地質標本の記録と梱包に費やした。今日私は、バルィクタフで採取された石灰石〔大理石〕の砕片を割って三葉虫類の化石を発見した……。」トールは日記の中で、彼にとって故郷への道は、ベンネト島経由しかないことをのべている。

一九〇二年六月五日、トールはいよいよサンニコフ島発見の最後の試みに挑戦した。「ゲーテはかつて、南方には多くの宝庫があると語ったが、しかし北方の一秘宝が強力な磁石のように私を引きつけてはなさない」と彼は書き、三人の隊員をともなってザリャー号をはなれ、はじめ犬橇、ついで皮舟で移動し、八月三日ベンネト島のエンマ岬に上陸した。ここでも地質学的調査はつづけられた。しかしトールにとっての最大の願望、すなわちベンネト島からサンニコフ島を見たいという熱望は実現しなかった。サンニコフ島の青い山なみは跡形もなく消え去っていたのである。

ザリャー号は、一九〇二年の夏の終りにベンネト島に接岸し、トールの一行を収容することになっていたが、二度にわたる接岸の試みは二度とも大氷塊のために失敗に終った。九月五日、船長のマチセン中尉は、船が氷に閉ざされることを恐れて、レナ川デルタの右岸にあるチクシ湾に退いた。

トールの一行四人は、ベンネト島でザリャー号の接岸を今か今かと待ちこがれたが、いつまでたっても船が現われないので、十一月八日南方のノヴァヤ・シビリ島へ向かった。このことはつぎにかかげるトールの手記によって知られる。坐して死を待つよりも、動けるだけ動いてみようと思ったのであろう。しかし彼らの消息はこれを最後に永遠に絶たれたのである。

トールの最後の手記

翌年早々、トール隊四人の救出を目的とする特別の調査隊がベンネト島へ派遣された。ニキフォル・ベギチェフを長とするその一行は一九〇三年八月十七日現地に着き、エンマ岬付近を調査した。岸の近くには、さまざまな夢幻的な形をした氷山が浮かんでいた。

彼らがまず発見したのはトール隊の所持品であるアルミ製のやかんの蓋であった。つづいて、石をつみ上げ、その上に皮舟用の櫂をつき立てたケルンがあり、その下から手記の入った空びんが発見された。手記の冒頭には、一九〇二年八月二十六日の日付と「私たちを探す人のために」という文章があり、そのはじめには「お元気な到着、おめでとう」と書かれてあった。彼らは、仲間が救出に来てくれることを確信していた。筆跡はトールのものであった。手記の末尾に、九月十四日、漂木の多いこの島の北東端に越冬用の小屋を建てるため西岸沿いに移動したことと、その小屋の位置を示す地図が描かれてあった。ベギチェフらはこの地図によって簡単に小屋を見出すことができた。氷で固まった小屋の床にある小さな箱の中にはつぎのような手記が折りたたまれてあった。

「六月五日、私は天文学者ゼーベルグのほかツングース族のニコライ・ディヤコノフ、ヤクート族のワシーリ・ゴロホフのふたりとともに、カチョルヌイ島ネルピチエ湾に碇泊中のザリャー号から出発した。私はカチョルヌイ島とファデエフ島の北岸に沿って、ノヴァヤ・シビリ島のヴィソキー岬に向かい、七月十三日ベンネト島の方向へ進路を変更した。氷はかなり割れていた。七月二十五日、ヴィソキー岬から三マイルの地点で、暖かい風によって氷がひどく割れていたため、犬橇ではもはや通ることができなかった。私たちは皮舟でこの海を渡ろうとして、残った最後のイヌを射殺した。ここから、私たちの天幕を乗せた氷塊は一昼夜半の間四十八マイルほどめざす方向へ流れたが、その後十マイルほど南へそれたことに気づき、七月三十一日この氷塊と別れた。それから二そうの皮舟に分乗して残りの二十三マイルを無事に航行し、八月三日ベンネト島のエンマ岬に上陸した。

ゼーベルグはこの地でも十地点について地磁気測定を行なったが、その調査によると、ベンネト島は面積二〇〇平方キロ、最高四五七メートルの台地をなしていることが判明した。ベンネト島の地質構造は、中央シベリア高地の連続であり、噴出した玄武岩によって貫通された最古の水成岩層(カンブリア紀の)からなりたっている。場所によっては、玄武岩の流れの下に古代植物(針葉樹)の痕跡のある褐炭層が残っていた。また島の峡谷には、まれにマンモスその他第四紀動物の骨が洗われて露出していた。

現在ベンネト島に生息する動物としては、シロクマと一時的な来客であるセイウチのほかに、トナカイも見られ、三十頭ほどが岩の多い島の牧地に群れていた。私たちはその肉を食べ、冬期における帰り途のためにその皮で履物や着物をつくった。島にはケワタガモ(二種類)、シギ、ウソ、カモメ(五種類)などがおり、カモの一種類はバラ色であった。飛来した鳥としては、南から北へ飛ぶワシ、北から南へ飛ぶタカ、北から南へ群をなしてわたるガンなどであった。前回の航海のときと同様に、一帯に霧がたちこめていて、それらの島の出発地と思われるサンニコフ島を見分けることはできなかった。

私たちはここにつぎのような器具を残した。ピストル〔人名〕とマルテンスの測定具、クラウゼの伏角計、風速計、写真機〃ノラ〃その他。

今日南へ向かう。食糧は十四―二十日分持参。全員元気。北緯七六度三八分、東経一四九度四二分。E・トール。ベンネト島パウル・ケペナ湾にて。一九〇二年十月二十六日―十一月八日。」

この手記で見られるかぎりでは、トールの一行は生還の希望を捨てておらず、またサンニコフ島の存在についても全く絶望してはいなかった。「島の出発地と思われるサンニコフ島」という言葉も見える。しかしそれにしても、最後の最後にいたるまでの科学的観察には、ただ驚嘆するばかりである。

サンニコフ島その後

このまぼろしの島の存在をめぐってその後も論議や調査がつづけられた。一九一三年北氷洋調査船タイミル号はサンニコフ島の予想位置を通過した。透きとおるように晴れわたった好天に恵まれ、多くの乗組員が目をこらして観測したが、島らしいものは全く見られなかった。タイミル号はトール隊の最後の場所であるベンネト島パウル・ケペナ湾に着岸し、彼らの残した鉱物標本を集め、四人の死を記念する大十字架を建てた。

しかしその後、ソ連の生んだ世界的地質学者V・オブルチェフはサンニコフ島の実在を主張する論文を発表し、また科学小説『サンニコフ島』を書いた。彼はサンニコフ島が北緯七八度三〇分、東経一四〇―一五〇度の間にあることを確信し、その見解を論文に発表している。しかし一九三〇年代以後、セドフ号、サドコ号、エルマク号、シベリア号など多くの調査船のほか、飛行機まで動員されて徹底的にこの島を追求したが、それはかき消えたように姿を現わさなかった。

サンニコフ島が存在しないことは、今やあらゆる角度から疑問の余地のないほど証明されている。しかしそれでは、いくつもの新島発見の実績をもつ極地生活のベテラン、猟師サンニコフ、ジェルゲリ、あるいは傑出した探検家・学者トール、ナンセン、オブルチェフらの人々はどうして誤ったのであろうか。

北氷洋では、場合によっては面積七〇〇平方キロに達する巨大な氷塊(いわゆる氷島)の形成されることが明らかにされたが、ブルハノフという学者は、サンニコフ島が海面より八―十五メートル高い氷島または大氷山であったとの仮説を出した。一八二三年アンジュー探検隊が調査した長さ四〇八メートル、幅四六三メートルのワシリエフスキー島、一八八一年探検家デロングが調査したさらに大きいセミョノフスキー島の場合には、表面にツンドラの植物が生え、またマンモスの骨まで発見されたが、一九三六年には完全に姿を消していた。これはいずれも一大化石氷塊で、その解ける速度は一年間で二十―四十メートルであったという。サンニコフ島もこのようなものであったかも知れない。あるいはまた、極地の研究者によれば、彼らのよく知っている島が実際とは全くちがった方向に見えることがあるという。この現象は北極の大気構造、光の屈折などの特徴によって説明されると言われる。それにしてもサンニコフ島は不思議な島である。

トールはサンニコフ島探求の途上で悲劇的な死をとげた。しかし彼がすぐれた学者であり、シベリア北方の研究に不朽の業績を残したことに変わりはない。シベリア北方の海峡や岬、半島にはトールの名を冠するものが少なくない。トールの伝記を書いたP・ヴィッテンブルグは、トールが「傑出した極地研究家、卓越した地理学者、地質学者であり、……広い視野をもって、複雑な学問的な諸問題の解決において大胆さを発揮した。……自分にたいするきびしさは部下にたいする細心の配慮と結びついていた。シベリア北岸の原住民にたいしても、深い尊敬をもって接し、彼らの誠実、素朴な性質を高く評価した」と書いている。

参考文献

以下のリスト以外にも参考にしたものが少なくない。ここでは、ごく主要なものに限り簡単な解説を付した。配列は章順。

М.Г.Новлянская, Филипп Иоганн Страленберг. Москва–Ленинград, 1966.（M・ノヴリャンスカヤ『フィリップ・ヨガン・ストラレンベルグ』）
「彼のシベリアに関する著作」の副題がついており、貴重な研究である。巻末に四ページにわたる文献一覧がついている。四章、九五ページ。

М. Г. Новлянская, Даниил Готлиб Мессершмидт. Ленинград, 1970.（M・ノヴリャンスカヤ『ダニイル・ゴットリブ・メッセルシュミット』）
メッサーシュミットの最初の学問的伝記。巻末に三ページにわたる文献リストがある。三部、一八四ページ。

D. G. Messerschmidt, Forschungreise durch Sibirien 1720–1727. Berlin, 1962.
メッサーシュミットの『シベリア日誌』はソ連と東ドイツの両科学アカデミーの協力によって、全十巻の予定で刊行中である。既刊四巻。第一巻の巻頭にメッサーシュミットの伝記が付されている。

Э.П. Зиннер, Сибирь в известиях западноевропейских путешественников и ученых XVIII века. Иркутск, 1968.（E・ジンネル『十八世紀のヨーロッパ人旅行家・学者の記録に現れた

シベリア』)
本書は一九四一年イルクーツクで刊行されたM・アレクセーエフの『外国の旅行家と著述家の記録に現われたシベリア』の続篇をなし、主として十八世紀の外国人研究者の資料が紹介されている。二四五ページ。

John Bell, A Journey from St. Petersburg to Pekin. Edinburgh, 1965.
本書は一七六三年グラスゴウで初版が出版されたが、これにはロレンツ・ランゲの日記が付されている。一九六五年の新版には、これがない。初版本は九段下の千代田区立図書館内大橋文庫にある。二四八ページ。

今西春秋撰『校注異域録』天理大学おやさと研究所、一九六四年。
満和対訳、満文テキスト、漢文テキストなどからなる見事な研究である。四〇〇ページ。

Экспедиция Беринга, Сборник документов. Москва, 1941.(『ベーリング探検資料集』)
本書はベーリングの死後二百年を記念して、A・ポクロフスキーの編と解説によって刊行された資料集で、ベーリング探検に関する基本文献である。ベーリングにたいする訓令、ベーリングやその部下たちの報告からなる。九章、四一八ページ。外務省図書館蔵。

В. И. Греков, Очерки из истории русских географических исследований в 1725–1765 гг. АН СССР. Москва, 1960.(V・グレコフ『一七二五―一七六五年におけるロシアの地理的探検史概説』)
本書は十章に分かれ、この時期におけるシベリア、中央アジア、バルト海地方など、ロシア全域の地理学的調査にふれている綜括的大著である。B5判四二五ページ、うち参考文献だけでも一八ページに及び、人名、地名の索引も完備している。挿入地図も多い。この方面の研究には必須の文献のひとつであろう。

A. C. Берг, Открытие камчатки и экспедиции Беринга. АН СССР, Москва-Ленинград, 1946. (A・ベルグ『カムチャツカの発見とベーリングの探検』)

本書はソ連の著名な湖沼学者・地理学者ベルグの名著のひとつで、一九二四年に初版が発表され、ついで一九三五年第二版、一九四六年第三版が刊行されたが、それぞれ別の書物とも言えるほど増補改訂されている。内容は四部二十二章に分かれ、巻末に文献と索引が完備している。文献には解説も付されている。三七九ページ。なお本書の第二版が昭和十七年、小場有米氏の訳によって龍吟社から邦訳刊行されている。ただし引用のときは原書にあたる必要がある。

Н. К. Чуковский, Беринг. Москва, 1961. (N・チュコフスキー『ベーリング』)

本書は偉人伝文庫の一冊で、青少年向きに興味深く書かれている。一二六ページ。

М. И. Белов, Дания и Витус Беринг. 1965. (M・ベロフ『デンマークとヴィトゥス・ベーリング』)

本論文は、ベロフ監修の論文集『十五―十九世紀における旅行と地理的発見』Путешествия и географические открытия в XV–XIX вв. Москва-Ленинград, 1965. に所収されている。ベーリングが自分のおばさんにあてた書簡の分析がなされている。

С. П. Крашенинников, Описание земли Камчатки. Москва, 1949. (S・クラシェニンニコフ『カムチャツカ誌』)

本書は一七五五年初版、一七八六年第二版、一

八一八年第三版が刊行され、一九四九年版はソ連科学アカデミーによる第四版である。第四版にはクラシェニンニコフの報告書、書簡その他の著作も含まれている。八四一ページ。なお、私は一七八六年刊の第二版も所有している。

М. О. Косвен, Этнографические результаты северной экспедиции в 1733–1743 гг. (M・コスヴェン『北方探検隊の民族学的成果』)

本論文はソ連科学アカデミー民族研究所の『シベリア論集』第三集(一九六一年)に所収された四五ページにのぼる大篇である。

Свен Ваксель, Вторая камчатская экспедиция Витуса Беринга. Ленинград–Москва, 1940. (スヴェン・ワクセル『ベーリングの第二次カムチャツカ探検』)

本書は聖ピョートル号の先任士官ワクセルによってドイツ語で書かれた原稿に基づく権威あるロシア語訳である。原稿はレニングラードのサルティコフ・シチェドリン図書館に保管されている。ブロンシュテイン訳、A・アンドレエフ監修・解説。十七章、一七五ページ。平林広人氏による邦訳があるが、残念ながら訳がよくない。

История открытия и исследования советской Азии. Москва, 1969. (『ソ連領アジアの発見と探検の歴史』)

本書はE・ムルザエフを中心とする『地球の発見』Открытие Земли 叢書の一冊で、カフカス(コーカサス)、中央アジア、シベリアと極東地方、極北と北氷洋航路の四部からなり、シベリア篇はL・カマニンの執筆によっている。現代の立場で要約された好著。巻末に一二ページの文献がある。五三五ページ。

J. G. Gmelin, Reise durch Sibirien von dem Jahr 1733 bis 1743. Göttingen, 1751.

本書(全四巻)は東洋文庫に所蔵されている。

Robert Murphy, The haunted Journey. London, 1961.

岩崎克己著『前野蘭化』

著者はしがきによれば、本書は「黎明期に於ける我が蘭学の一断面を、前野蘭化なる人物に託して描写せんとしたものである」。本文十章のほか、巻末に蘭化の著訳書(写本を含む)が付録としてつけられている。岩崎氏の本書は昭和十三年に私家版、定価六円で刊行されたが、今や「伝説的」名著として、古書店で「万金」を投じても入手困難である。七〇二ページ。私は平凡社の長谷川興蔵氏の好意によった。なお『東察加志』の写本は内閣文庫に収蔵されている。

Н. М. Раскин, И. И. Шафрановский, Эрик Густавович Лаксман. АН СССР, Ленинград, 1971. (N・ラスキン、I・シャフラノフスキー『エリク・グスタヴォヴィチ・ラクスマン』)

本書は一八九〇年スエーデン語からロシア語に翻訳出版されたV・ラグスのラクスマン伝以後、ロシア人によって書かれた最初の本格的伝記である。六章、二七四ページ。なお、ラクスマンについては作家井上靖先生の名作『おろしあ国酔夢譚』において見事な芸術的形象があたえられている。この作品は一九七四年春ソ連で抄訳紹介された。

В. Лагус, Эрик Лаксман, его жизнь, путешествия, исследования и переписка. СПб., 1890. (V・ラグス『エリク・ラクスマンの生涯、旅行、研究、往復書簡』)

本書はスエーデン語の原書からロシア語訳されたもの。四八八ページ。国立国会図書館蔵の播磨楢吉文庫の1冊。

Г. И. Шелихов, Российского купца Григория

Шелихова странствования из охотска по востoчному океану к американским берегам. Хабаровск, 1971. (G・シェリホフ『ロシア商人グリゴリー・シェリホフの、オホーツクから太平洋経由アメリカ海岸への旅』)

イルクーツクの毛皮商人シェリホフの旅行記である。巻頭と巻末にあるレニングラードの学者ボリス・ポレヴォイの解説が有益である。巻末に九ページの文献リスト。一七〇ページ。本書はハバロフスク出版所刊行の「極東歴史文庫」の一冊。この文庫の既刊本はこのほかネヴェリスコイ自伝、ゴロヴニンの日本旅行記など四冊である。

E. Winter, Lomonosov, Schlözer, Pallas. Berlin, 1962.

本書の副題に「十八世紀におけるドイツとロシアの学問的関係」とあり、表題の三人の学者の伝記や学問的業績に関する研究論文が掲載されている。パラスについては九つの論文がある。三五八ページ。なお、パラスの大著『ロシア帝国内各地方の旅行』(本文三巻、付図一冊)Reise durch verschiedene Provinzen des russischen Reichs. は一九六七年オーストリーで写真版が刊行された。

亀井高孝校訂『北槎聞略』

昭和十二年に三秀舎から刊行、昭和四十年吉川弘文館から再刊された。再刊本には、初版テキストの写真版のほか、亀井先生の新しい解説と村山七郎教授の論文「大黒屋光太夫の言語学上の功績」が付せられている。

Н. П. Митина, Во глубине сибирских руд. Москва, 1966. (N・ミチナ『シベリアの鉱山の奥底にて』)

副題に「バイカル湖岸街道におけるポーランド

人流刑囚反乱百年記念」とあるように、一八六六年夏、シャラモヴィチを指導者とするポーランド人流刑囚反乱の研究書。一四四ページ。

В. Н. Дворянов, В сибирской дальней стороне…. Минск, 1971.(V・ドヴォリャノフ『遠いシベリアにて』)

本書には「ツァーリ徒刑・流刑史概説。十八世紀六〇年代から一九一七年まで」という副題がつけられている。九章、三七四ページの書物であるが、レーニン以後が約二五〇ページを占めている。近年としては、わりあい珍しいテーマである。

Восточно-Сибирский Отдел Географического Общества СССР, И. Д. Черский. Иркутск, 1956.(ソ連地理学協会東部シベリア支部編『I・D・チェルスキー』)

本書にはチェルスキーの未発表の論文、書簡、日記のほか、チェルスキー夫人や彼の友人の思い出、彼の一子アレクサンドルに関する資料など、チェルスキー研究上必須の資料が集めてある。三七〇ページ。

АН СССР Сибирское Отделение, А. Л. Чекановский. Иркутск, 1962.(ソ連科学アカデミー・シベリア支部編『A・L・チェカノフスキー』)

チェカノフスキーの未公刊の論文、日記、書簡のほか、彼の友人たちの思い出が集録され、完備した伝記資料となっている。三六四ページ。

Г. А. Винкевич, Выдающийся географ и путешественник. Минск, 1965.(A・ヴィンケヴィチ『傑出した地理学者、探検家』)

本書は学者としてのディボフスキーの評伝である。ディボフスキーの生涯だけでなく、彼が関連した学問の諸分野の研究史にもふれた興味深い小冊子である。一〇六ページ。

В. А. Обручев, Путешествия Потанина. Москва, 1953.（V・オブルチェフ『ポターニンの旅行』）

本書はポターニンの数少ない伝記のひとつ。科学アカデミー会員オブルチェフはポターニン探検隊の一員だったことがあり、愛情をこめてその生涯を描いている。一九〇ページ。

П. В. Виттенбург, Жизнь и научная деятельность Э. В. Толля. Москва–Ленинград, 1960.（P・ヴィッテンブルグ『E・トールの生涯と学問的活動』）

トールの唯一の本格的伝記。巻末に九ページにわたる文献がついている。十二章、二四六ページ。

〔シベリア関係文献のコレクションについて〕

全体としては東洋文庫が最も豊富。英語、ドイツ語、フランス語だけでなく、ロシア語の資料もかなりある。外務省図書館にはシェロシェフスキーの大著『ヤクート族』、ラパチンの『ゴルド族』、マークの旅行記など貴重な文献が少なくない。マークの『アムール紀行』の付図は、私の知っている限りでは早稲田大学図書館にしかない。国立国会図書館、一橋大学図書館、東京大学東洋文化研究所図書館にも予想外の珍しい資料が数点ある。

個人では東京外国語大学の徳永康元教授の蔵書がユニークである。日本語によるシベリア関係文献のコレクションはとくに貴重である。江上波夫先生はシュレンクの『ギリヤク族』とゲオルギの『ロシア帝国民族誌』のロシア語版など珍しい資料を所蔵しておられる。根室在住の北構保男氏のもとには、少なくともストラレンベルグの『ヨーロッパとアジアの北東部』、ステラーの『カムチャツカ誌』の初版などの稀覯書がある。

あとがき

今から三十年近くも前の話である。一九四五年の夏「満洲」で終戦を迎えた私たちは、千人単位の梯団を組んで貨車でシベリアへ送りこまれた。私たちはシベリア鉄道とバイカル・アムール鉄道の分岐点になっているタイシェト付近の収容所でその冬を過ごしたが、今でもその途中バイカル湖岸を通過したときのことをよく思い出す。当時は、シベリア鉄道が湖岸沿いに約半日も走るようになっていた。一九五〇年代に、イルクーツク水力発電所のための大ダム建設にともない、現在のような路線に変更されたのである。

十一月初旬のある晴れた朝、眼がさめてみると、汽車は湖岸のタンホイという駅にとまって水と石炭を補給していた。バイカル湖に至るまでの鉄道沿線の景色はもはや雪におおわれはじめ、井戸などのまわりにはすでに氷が厚くかたまっていた。ところがバイカルの湖面ではさざ波がたち、靄がたちこめ、頰をなでる風もわりあいに暖かく、まるで別天地のようであった。氷結の直前には高さ四メートルもの波がたつというが、このときは言わば嵐の前の静けさであった。線路から白砂を二、三十メートル歩いて湖水に手をふれてみると、意外なほど暖かかった。このとき私はバイカルの水を心ゆくまで飲み、またよごれた顔を洗ったものである。

二度目は一九四九年ごろだったか、収容所から収容所へ移動するとき、同じく汽車（こんどは貨車ではなかった）でこんどは西から東へ湖岸を通過したときのことである。多くのトンネルをくぐり抜けながら、車窓の向こうに展開する荒涼とした湖岸の樹林、そのかなたに人を招くように、自由を象徴するように広がる湖面をながめ、抑留者の身であることをしばし忘れたものである。そして、バイカル湖との別離がつらかったことを今でも忘れない。

あの湖岸路線はもはやない。私の二十三歳から二十八歳までを占める抑留生活も遠い過去のこととなった。その後私は幾度もバイカル湖を訪れたが、もはやあのときの感動はもどらないような気がする。しかしその「感動」は今も私の心の中に生きている。そして当時苦しかった捕虜生活が、今では、現在の自分の生活と本質的にちがわないとさえ思われるのは、どのように説明すべきか。その時期がかけがえのない青春と結びついていたためか、それとも、人生はそもそも「抑留」的な側面をもつものだからであろうか。

ともあれ、私はつたない本書をまず第一にシベリアの地に眠るかつての仲間たちに献げたい。彼らもまた「シベリアに憑かれた人々」であると私は思う。終りに小林珍雄先生はじめ諸先生がた、友人たち、それから岩波書店の岩崎勝海氏ほかみなさまに心からお礼を申しあげます。

一九七四年四月

著　者

加藤九祚

1922-2016年
1945-50年シベリアに抑留
1953年上智大学文学部ドイツ文学科卒業
著書—『シベリアの歴史』『西域・シベリア』
『ユーラシア文明の旅』
『中央アジア遺跡の旅』
『北東アジア民族学史の研究』
『中央アジア歴史群像』(岩波新書)
『シルクロードの古代都市』(岩波新書)
など

シベリアに憑かれた人々　　岩波新書(青版)894

1974年5月25日　第1刷発行 ©
2017年2月21日　第5刷発行

著　者　加藤九祚《かとうきゅうぞう》

発行者　岡本　厚

発行所　株式会社 岩波書店
〒101-8002 東京都千代田区一ツ橋 2-5-5
案内 03-5210-4000　営業部 03-5210-4111
http://www.iwanami.co.jp/

新書編集部 03-5210-4054
http://www.iwanamishinsho.com/

印刷・精興社　カバー・半七印刷　製本・中永製本

ISBN 4-00-415062-0　　Printed in Japan

岩波新書新赤版一〇〇〇点に際して

ひとつの時代が終わったと言われて久しい。だが、その先にいかなる時代を展望するのか、私たちはその輪郭すら描きえていない。二〇世紀から持ち越した課題の多くは、未だ解決の緒を見つけることのできないままであり、二一世紀が新たに招きよせた問題も少なくない。グローバル資本主義の浸透、憎悪の連鎖、暴力の応酬——世界は混沌として深い不安の只中にある。

現代社会においては変化が常態となり、速さと新しさに絶対的な価値が与えられた。消費社会の深化と情報技術の革命は、種々の境界を無くし、人々の生活やコミュニケーションの様式を根底から変容させてきた。ライフスタイルは多様化し、一面では個人の生き方をそれぞれが選びとる時代が始まっている。同時に、新たな格差が生まれ、様々な次元での亀裂や分断が深まっている。社会や歴史に対する意識が揺らぎ、普遍的な理念に対する根本的な懐疑や、現実を変えることへの無力感がひそかに根を張りつつある。そして生きることに誰もが困難を覚える時代が到来している。

しかし、日常生活のそれぞれの場で、自由と民主主義を獲得し実践することを通じて、私たち自身がそうした閉塞を乗り超え、希望の時代の幕開けを告げてゆくことは不可能ではあるまい。そのために、いま求められていること——それは、個と個の間で開かれた対話を積み重ねながら、人間らしく生きることの条件について一人ひとりが粘り強く思考することではないか。その営みの糧となるものが、教養に外ならないと私たちは考える。歴史とは何か、よく生きるとはいかなることか、世界そして人間はどこへ向かうべきなのか——こうした根源的な問いとの格闘が、文化と知の厚みを作り出し、個人と社会を支える基盤としての教養となった。まさにそのような教養への道案内こそ、岩波新書が創刊以来、追求してきたことである。

岩波新書は、日中戦争下の一九三八年一一月に赤版として創刊された。創刊の辞は、道義の精神に則らない日本の行動を憂慮し、批判的精神と良心的行動の欠如を戒めつつ、現代人の現代的教養を刊行の目的とする、と謳っている。以後、青版、黄版、新赤版と装いを改めながら、合計二五〇〇点余りを世に問うてきた。そして、いままた新赤版が一〇〇〇点を迎えたのを機に、人間の理性と良心への信頼を再確認し、それに裏打ちされた文化を培っていく決意を込めて、新しい装丁のもとに再出発したいと思う。一冊一冊から吹き出す新風が一人でも多くの読者の許に届くこと、そして希望ある時代への想像力を豊かにかき立てることを切に願う。

（二〇〇六年四月）

岩波新書より

飯舘村は負けない	千葉悦子・松野光伸
夢よりも深い覚醒へ	大澤真幸
不可能性の時代	大澤真幸
3・11 複合被災	外岡秀俊
子どもの声を社会へ	桜井智恵子
就職とは何か	森岡孝二
働きすぎの時代	森岡孝二
日本のデザイン	原　研哉
ポジティヴ・アクション	辻村みよ子
脱原子力社会へ	長谷川公一
希望は絶望のど真ん中に	むのたけじ
戦争絶滅へ、人間復活へ	むのたけじ　黒岩比佐子 聞き手
福島 原発と人びと	広河隆一
アスベスト 広がる被害	大島秀利
原発を終わらせる	石橋克彦編
日本の食糧が危ない	中村靖彦
ウォーター・ビジネス	中村靖彦
勲章 知られざる素顔	栗原俊雄
生き方の不平等	白波瀬佐和子
同性愛と異性愛	風間孝・河口和也
居住の貧困	本間義人
贅沢の条件	山田登世子
ブランドの条件	山田登世子
新しい労働社会	濱口桂一郎
世代間連帯	上野千鶴子・辻元清美
当事者主権	中西正司・上野千鶴子
道路をどうするか	五十嵐敬喜・小川明雄
建築紛争	五十嵐敬喜・小川明雄
ルポ 労働と戦争	島本慈子
戦争で死ぬ、ということ	島本慈子
ルポ 解雇	島本慈子
子どもへの性的虐待	森田ゆり
森の力	浜田久美子
テレワーク 「未来型労働」の現実	佐藤彰男
反貧困	湯浅　誠
ベースボールの夢	内田隆三
グアムと日本人 戦争を埋立てた楽園	山口　誠
少子社会日本	山田昌弘
「悩み」の正体	香山リカ
いまどきの「常識」	香山リカ
若者の法則	香山リカ
変えてゆく勇気	上川あや
定年後	加藤　仁
労働ダンピング	中野麻美
誰のための会社にするか	ロナルド・ドーア
安心のファシズム	斎藤貴男
社会学入門	見田宗介
現代社会の理論	見田宗介
冠婚葬祭のひみつ	斎藤美奈子
少年事件に取り組む	藤原正範
まちづくりと景観	田村　明
まちづくりの実践	田村　明
桜が創った「日本」	佐藤俊樹
生きる意味	上田紀行
ルポ 戦争協力拒否	吉田敏浩
社会起業家	斎藤　槙
男女共同参画の時代	鹿嶋　敬

岩波新書より

ああダンプ街道　佐久間充
山が消えた　残土・産廃戦争　佐久間充
少年犯罪と向きあう　石井小夜子
自白の心理学　浜田寿美男
原発事故はなぜくりかえすのか　高木仁三郎
プルトニウムの恐怖　高木仁三郎
能力主義と企業社会　熊沢誠
証言 水俣病　栗原彬編
コンクリートが危ない　小林一輔
東京国税局査察部　立石勝規
バリアフリーをつくる　光野有次
ドキュメント屠場　鎌田慧
現代社会と教育　堀尾輝久
原発事故を問う　七沢潔
災害救援　野田正彰
ボランティア　もうひとつの情報社会　金子郁容
スパイの世界　中薗英助
都市開発を考える　大野輝之　レイコ・ハベ・エバンス

ディズニーランドという聖地　能登路雅子
原発はなぜ危険か　田中三彦
世直しの倫理と論理 上・下　小田実
異邦人は君ヶ代丸に乗って　金賛汀
読書と社会科学　内田義彦
資本論の世界　内田義彦
社会認識の歩み　内田義彦
科学文明に未来はあるか　野坂昭如編著
働くことの意味　清水正徳
一九六〇年五月一九日　日高六郎編
暗い谷間の労働運動　大河内一男
住宅貧乏物語　早川和男
食品を見わける　磯部晶策
社会科学における人間　大塚久雄
社会科学の方法　大塚久雄
農の情景　杉浦明平
ルポルタージュ台風十三号始末記　杉浦明平
日本人とすまい　上田篤
自動車の社会的費用　宇沢弘文

「成田」とは何か　宇沢弘文
戦没農民兵士の手紙　岩手県農村文化懇談会編
ものいわぬ農民　大牟羅良
死の灰と闘う科学者　三宅泰雄
ユダヤ人　J-P・サルトル　安堂信也訳

岩波新書より

現代世界

フォト・ドキュメンタリー 人間の尊厳　林　典子
女たちの韓流　山下英愛
(株)貧困大国アメリカ　堤　未果
ルポ 貧困大国アメリカ　堤　未果
ルポ 貧困大国アメリカII　堤　未果
新・現代アフリカ入門　勝俣　誠
中国の市民社会　李　妍焱
勝てないアメリカ　大治朋子
ブラジル 跳躍の軌跡　堀坂浩太郎
非アメリカを生きる　室　謙二
ネット大国中国　遠藤　誉
中国は、いま　国分良成編
ジプシーを訪ねて　関口義人
中国エネルギー事情　郭　四志
アメリカン・デモクラシーの逆説　渡辺　靖
ユーラシア胎動　堀江則雄
オバマ演説集　三浦俊章編訳
オバマは何を変えるか　砂田一郎
タイ 中進国の模索　末廣　昭
平和構築　東　大作
ハワイ　山中速人
イスラームの日常世界　片倉もとこ
イスラエル　臼杵　陽
ネイティブ・アメリカン　鎌田　遵
アフリカ・レポート　松本仁一
ヴェトナム新時代　坪井善明
イラクは食べる　酒井啓子
エビと日本人　村井吉敬
エビと日本人II　村井吉敬
北朝鮮は、いま　北朝鮮研究学会編 石坂浩一監訳
欧州連合 統治の論理とゆくえ　庄司克宏
バチカン　郷富佐子
国際連合 軌跡と展望　明石　康
アメリカよ、美しく年をとれ　猿谷　要
日中関係 戦後から新時代へ　毛里和子
いま平和とは　最上敏樹
国連とアメリカ　最上敏樹
人道的介入　最上敏樹
現代ドイツ　三島憲一
「民族浄化」を裁く　多谷千香子
サウジアラビア　保坂修司
中国激流 13億のゆくえ　興梠一郎
多民族国家 中国　王　柯
ヨーロッパ市民の誕生　宮島　喬
東アジア共同体　谷口　誠
NATO　谷口長世
ヨーロッパとイスラーム　内藤正典
現代の戦争被害　小池政行
アメリカ外交とは何か　西崎文子
帝国を壊すために　アルンダティ・ロイ 本橋哲也訳
多文化世界　青木　保
異文化理解　青木　保
デモクラシーの帝国　藤原帰一

岩波新書より

福祉・医療

医と人間　井村裕夫編
医療の選択　桐野高明
納得の老後 日欧在宅ケア探訪　村上紀美子
移植医療　橳島次郎・出河雅彦
医学的根拠とは何か　津田敏秀
転倒予防　武藤芳照
看護の力　川嶋みどり
心の病 回復への道　野中猛
重い障害を生きるということ　髙谷清
肝臓病　渡辺純夫
感染症と文明　山本太郎
ルポ 認知症ケア最前線　佐藤幹夫
ルポ 高齢者医療　佐藤幹夫
医の未来　矢﨑義雄編
介護保険は老いを守るか　沖藤典子
パンデミックとたたかう　押谷仁・瀬名秀明

健康不安社会を生きる　飯島裕一編著
健康ブームを問う　飯島裕一編著
疲労とつきあう　飯島裕一
長寿を科学する　祖父江逸郎
温泉と健康　阿岸祐幸
介護 現場からの検証　結城康博
医療の値段　結城康博
腎臓病の話　椎貝達夫
「尊厳死」に尊厳はあるか　中島みち
がんとどう向き合うか　額田勲
がん緩和ケア最前線　坂井かをり
人はなぜ太るのか　岡田正彦
児童虐待　川﨑二三彦
生老病死を支える　方波見康雄
認知症とは何か　小澤勲
鍼灸の挑戦　松田博公
障害者とスポーツ　高橋明
障害者は、いま　大野智也
生体肝移植　後藤正治
放射線と健康　舘野之男

定常型社会 新しい「豊かさ」の構想　広井良典
日本の社会保障　広井良典
血管の病気　田辺達三
医の現在　高久史麿編
居住福祉　早川和男
高齢者医療と福祉　岡本祐三
看護 ベッドサイドの光景　増田れい子
信州に上医あり　南木佳士
自分たちで生命を守った村　菊地武雄
医療の倫理　星野一正
腸は考える　藤田恒夫
ルポ 体験 世界の高齢者福祉　山井和則
リハビリテーション　砂原茂一
指と耳で読む　本間一夫
村で病気とたたかう　若月俊一
音から隔てられて　入谷仙介・林瓢介編

岩波新書より

宗教

高野山	松長有慶
密教	松長有慶
マルティン・ルター	徳善義和
教科書の中の宗教	藤原聖子
『教行信証』を読む 親鸞の世界へ	山折哲雄
親鸞をよむ	山折哲雄
国家神道と日本人	島薗進
聖書の読み方	大貫隆
寺よ、変われ	高橋卓志
日本宗教史	末木文美士
法華経入門	菅野博史
イスラム教入門	中村廣治郎
ジャンヌ・ダルクと蓮如	大谷暢順
キリスト教と笑い	宮田光雄
モーセ	浅野順一
蓮如	五木寛之
仏教入門	三枝充悳
お伊勢まいり	西垣晴次
慰霊と招魂	村上重良
国家神道	村上重良
お経の話	渡辺照宏
日本の仏教	渡辺照宏
仏教〔第二版〕	渡辺照宏
内村鑑三	鈴木範久
親鸞	野間宏
禅と日本文化	鈴木大拙 北川桃雄訳

心理・精神医学

トラウマ	宮地尚子
自閉症スペクトラム障害	平岩幹男
自殺予防	高橋祥友
だます心 だまされる心	安斎育郎
痴呆を生きるということ	小澤勲
〈こころ〉の定点観測	なだいなだ編著
純愛時代	大平健
やさしさの精神病理	大平健
豊かさの精神病理	大平健
快適睡眠のすすめ	堀忠雄
精神病	笠原嘉
生涯発達の心理学	高橋惠子 波多野誼余夫
心病める人たち	石川信義
コンプレックス	河合隼雄
日本人の心理	南博

岩波新書より

哲学・思想

〈運ぶヒト〉の人類学	川田順造
哲学の使い方	鷲田清一
ヘーゲルとその時代	権左武志
柳　宗悦	中見真理
人類哲学序説	梅原　猛
加藤周一	海老坂武
哲学のヒント	藤田正勝
空海と日本思想	篠原資明
論語入門	井波律子
トクヴィル　現代へのまなざし	富永茂樹
和辻哲郎	熊野純彦
西洋哲学史　古代から中世へ	熊野純彦
西洋哲学史　近代から現代へ	熊野純彦
現代思想の断層	徳永　恂
宮本武蔵	魚住孝至
いま哲学とはなにか	岩田靖夫
西田幾多郎	藤田正勝
善と悪	大庭　健
丸山眞男	苅部　直
世界共和国へ	柄谷行人
悪について	中島義道
ポストコロニアリズム	本橋哲也
ハイデガーの思想	木田　元
現象学	木田　元
私とは何か	上田閑照
戦争論	多木浩二
キケロ	高田康成
プラトンの哲学	藤沢令夫
術語集Ⅱ	中村雄二郎
術語集　気になることば	中村雄二郎
臨床の知とは何か	中村雄二郎
哲学の現在	中村雄二郎
マックス・ヴェーバー入門	山之内　靖
近代の労働観	今村仁司
民族という名の宗教	なだいなだ
権威と権力	なだいなだ
戦後ドイツ	三島憲一
ニーチェ	三島憲一
「文明論之概略」を読む　上・中・下	丸山真男
日本の思想	丸山真男
近代日本の思想家たち	林　茂
文化人類学への招待	山口昌男
生きる場の哲学	花崎皋平
死の思索	松浪信三郎
イスラーム哲学の原像	井筒俊彦
孟子	金谷　治
知者たちの言葉	斎藤忍随
プラトン	斎藤忍随
朱子学と陽明学	島田虔次
デカルト	野田又夫
ソクラテス	田中美知太郎
現代論理学入門	沢田允茂
哲学入門	三木　清

岩波新書より

言語

- ものの言いかた西東　小林 隆・澤村美幸
- ことば遊びの楽しみ　阿刀田 高
- 日本語スケッチ帳　田中章夫
- 日本語雑記帳　田中章夫
- 日本語の考古学　今野真二
- 辞書の仕事　増井 元
- 実践 日本人の英語　マーク・ピーターセン
- 心にとどく英語　マーク・ピーターセン
- 日本人の英語 正・続　マーク・ピーターセン
- ことばの力学　白井恭弘
- 外国語学習の科学　白井恭弘
- 百年前の日本語　今野真二
- 女ことばと日本語　中村桃子
- テレビの日本語　加藤昌男
- 英語で話すヒント　小松達也
- 仏教漢語50話　興膳 宏
- 漢語日暦　興膳 宏

- 語感トレーニング　中村 明
- 曲り角の日本語　水谷静夫
- 日本語の古典　山口仲美
- 日本語の歴史　山口仲美
- 日本語と時間　藤井貞和
- ことばと思考　今井むつみ
- 漢文と東アジア　金 文京
- 日本語の源流を求めて　大野 晋
- 日本語の教室　大野 晋
- 日本語練習帳　大野 晋
- 日本語の起源〔新版〕　大野 晋
- 日本語の文法を考える　大野 晋
- 名前と人間　田中克彦
- 言語学とは何か　田中克彦
- ことばと国家　田中克彦
- 英文の読み方　行方昭夫
- 漢字伝来　大島正二
- 漢字と中国人　大島正二
- 日本の漢字　笹原宏之
- ことばの由来　堀井令以知

- コミュニケーション力　齋藤 孝
- 聖書でわかる英語表現　石黒マリーローズ
- 言語の興亡　R.M.W.ディクソン　大角 翠 訳
- 中国現代ことば事情　丹藤佳紀
- ことば散策　山田俊雄
- 日本人はなぜ英語ができないか　鈴木孝夫
- 教養としての言語学　鈴木孝夫
- 日本語と外国語　鈴木孝夫
- ことばと文化　鈴木孝夫
- 日本語ウォッチング　井上史雄
- 日本の方言　柴田 武
- 日本語〔新版〕上・下　金田一春彦
- 日本語の構造　中島文雄
- かな その成立と変遷　小松茂美
- ことばとイメージ　川本茂雄
- 外国語上達法　千野栄一
- 記号論への招待　池上嘉彦
- 翻訳語成立事情　柳父 章

岩波新書/最新刊から

1628 **新しい学力** 齋藤　孝著

二〇二〇年予定の文科省学習指導要領の大改訂に向けて、教師も親も学生も必読！〈真の学力〉とは何か、熱意あふれる提言の書！

1629 **密着 最高裁のしごと** ―野暮で真摯な事件簿― 川名壮志著

司法の顔は見えにくい。でも最高裁は面白い。きわどい判断で注目された訴訟を追った現役記者が司法の今をデザインするその姿に迫る。

1630 **パブリック・スクール** ―イギリス的紳士・淑女のつくられかた― 新井潤美著

歴代首相を輩出し、王子も在籍した寄宿学校。階級社会イギリスの文化の一翼を担ってきた、その教育と伝統とは。

1631 **夏目漱石** 十川信介著

暗い孤独と深い明暗を心にかかえ、小説という仮構を通して人間なるものを追究する。作家・夏目漱石の生涯をえがく評伝。

1632 **悩みいろいろ** ―人生に効く物語50― 金子　勝著

いつもは歯に衣着せぬ〝闘う経済学者〟が、読者の人生相談に、小説や童話や落語を通して、やさしく、あたたかくお答えします。

1633 **漱石のこころ** ―その哲学と文学― 赤木昭夫著

ロンドンでの構想から漱石の核心に迫る。読者の、社会の意識をつかむ文学を生んだその姿と近代化以後の日本の時代精神が明らかに。

1634 **俳句世がたり** 小沢信男著

浮き世の様々な出来事を、芭蕉、子規、万太郎、「武玉川」など、古今の俳句を通じて描く。練達の筆に近年の世相が鮮やかに浮かぶ。

1635 **パウロ** 十字架の使徒 青野太潮著

キリスト教の礎を築き、今日の世界宗教への端緒をひらいたパウロ。その波乱の生涯をたどり、「最初の神学者」の思想の核心をさぐる。

(2017.1)